Maximilian Hauptmann
Stefan Kutzenberger:
Das Literatur-Quiz

Alle Rechte vorbehalten

© 2019 edition a, Wien
www.edition-a.at

Cover: JaeHee Lee
Satz: Isabella Starowicz

Gesetzt in der Premiera
Gedruckt in Deutschland

1 2 3 4 5 — 23 22 21 20 19

ISBN 978-3-99001-335-9

MAXIMILIAN HAUPTMANN
STEFAN KUTZENBERGER

DAS LITERATUR QUIZ

123 Antworten, die Sie kennen sollten, um über Literatur mitreden zu können

edition a

123 Tore zur Welt

In meiner Jugend hing ich eine Weile dem alten Traum nach, Rockstar zu werden und tingelte mit meiner Band durch die oberösterreichische Provinz. Eines Abends landeten wir nach einem Konzert auf dem Abschiedsfest einer Freundin des Veranstalters. Sie wollte bereits am nächsten Tag nach Wien übersiedeln, um dort Vergleichende Literaturwissenschaft zu studieren.

Die Worte Vergleichende Literaturwissenschaft klangen wie ein Sonnenaufgang für mich. So etwas gab es? Vergleichende Literaturwissenschaft, das hörte sich für mich nach unendlichen Lektüren an, nach in Rotwein ertränkten Diskussionen über die Güte geheimnisvoller Romane, nach einem Leben im Richtigen.

Ein Jahr später war es ich, der nach Wien aufbrach, und so begann das Abenteuer Literatur, mit allem, was ich mir davon erhofft hatte. Dazu gehörten auch neue Freundinnen und Freunde, mit denen ich in unerbittlichen Spielen Romane aus Bücherwänden zog. Wir lasen den ersten Satz des betreffenden Romans vor und die jeweils anderen mussten erraten, um welches Buch es sich handelte. Viele Nächte verbrachten wir mit dieser frühen Form eines Literaturquiz'.

1998 wechselte ich die Seiten und wurde vom Studenten der Literaturwissenschaft zum Lehrbeauftragten. Oft frage ich meine Studierenden, warum sie sich für dieses Studium entschieden haben. Die Antworten darauf haben sich in den letzten zwanzig Jahren stark verändert. Ende des vergangenen Jahrhunderts führte noch die Begeisterung für die Klassiker der Literaturgeschichte, für Goethe oder Thomas Mann, junge Menschen zur Literaturwissenschaft.

Einige Jahre später war ihre Motivation nicht mehr von so hohen bildungsbürgerlichen Maßstäben geprägt, sondern auffallend oft durch *Harry Potter*.

Ich fand das ganz in Ordnung, Literatur ist etwas Lebendiges und der Kanon der Werke, die »man gelesen haben muss«, verändert sich ständig. Doch heute, weitere zehn Jahre später, haben viele meiner Studentinnen und Studenten *Harry Potter* nur noch als Film gesehen, die Bücher dazu jedoch nicht gelesen. Auf meine Frage nach dem Motiv für ihr Studium bekomme ich heutzutage immer wieder eine Netflix-Serie genannt.

Es gibt zweifellos hervorragende Serien, die zumindest von ihrer epischen Anlage her an die großen Romane des 19. Jahrhunderts heranreichen und damit tatsächlich etwas Literarisches haben. Doch ich möchte nicht, um über Werke zu sprechen, die alle kennen, auf Netflix zurückgreifen müssen. Denn es ist das geschriebene Wort, das die umfassendsten Welten errichten, uns am tiefsten berühren und erschüttern kann. »Lesen ist Denken mit fremdem Gehirn«, sagte Jorge Luis Borges, einer der Autoren, die mich am meisten geprägt haben. Durch diese Intimität des Austauschs von Gedanken und Gefühlen ist die Literatur jeder anderen Kunstform überlegen.

Unbestreitbar leben wir in einer Zeit des Kulturwandels. Dabei mag sich auch die Form wandeln, in der wir Geschichten konsumieren. Noch nie war es so einfach, so viele Geschichten per Knopfdruck auf den Bildschirm geliefert zu bekommen, wodurch sich auch neue Traditionen der Rezeption entwickelt haben. Wörter wie »Binge-Watching« oder »Serienmarathon« sind neu, da es die Möglichkeiten dazu früher einfach nicht gab. Es ist nur logisch, dass dadurch weniger Zeit für das Lesen bleibt.

Ich will es trotzdem nicht dabei bewenden lassen. Mit diesem Wandel geht auch ein Verlust einher. Denn was selbst die besten

Serien können, kann Literatur schon lange! Und nicht nur das: Sie ist dabei einfühlsamer, präziser und mitreißender. Vor allem hält sie länger an und kann auf geheimnisvolle Weise Teil des ganz persönlichen Lebens werden.

Doch was konnte ich, als Lektor der Vergleichenden Literaturwissenschaften, schon unternehmen, um der wunderbaren Welt der Literatur den Rang zu bewahren, der ihr auch in einer digitalen Welt zusteht?

Immer, wenn ich glaube, unsere Kultur sei am Ende, kommen interessierte, belesene und kritische Studierende, die mich eines Besseren belehren. Einer dieser hochbegabten jungen Studenten, die nicht nur mein Vertrauen in die Jugend, sondern auch in die einmalige Kraft der Literatur stärken, ist Maximilian Hauptmann. Seit der ersten Vorlesung, die er bei mir besuchte, beeindruckte er mich mit seinem analytischen Geist und seiner unglaublichen Belesenheit.

Eines Tages sagte er mir, dass er in Sorge wäre über eine Gesellschaft, die nur noch niederschwellige Comedy-Programme konsumiert und auf die Lektüre und Werte der großen Literatur mehr und mehr verzichtet. Wir sollten etwas dafür tun, dass wieder mehr gelesen würde. »In einer Welt, in der mehr Menschen *How I Met Your Mother* kennen als Kafka, ist der Kulturverfall nicht weit«, meinte Maximilian. Er hatte Recht. Wir waren uns einig, dass diejenigen, die Serien sahen, egal wie gut diese auch sein mochten, den Zugang zur Welt der Literatur nicht verlieren durften. Lesen ist ein aktiver Akt und macht die Menschen phantasievoller, kritischer und dadurch auch schwerer zu manipulieren. Eine Welt, in der niemand mehr liest, ist eine Welt, die anfällig ist für Phänomene wie Populismus und Demagogie, Oberflächlichkeit und Narzissmus.

Kurz darauf entstand die Idee zum Kampf gegen den Kulturverlust mit diesem Quizbuch. Die Form der Frage mit den drei Antwortmöglichkeiten übernahmen wir kurzerhand von beliebten Fernsehshows ähnlichen Formats.

Vor unseren Bücherregalen stehend, in Bibliotheken und Kaffeehäusern sitzend, leidenschaftlich über Literatur redend, haben wir diese 123 Fragen formuliert, die bei Homer um 800 vor Christus beginnen und bei *Game of Thrones* enden. Zweifellos spiegeln sich in der Auswahl der Fragen einige unserer literarischen Vorlieben wieder, doch haben wir uns bemüht, das Feld so breit wie möglich zu halten.

Sie entdecken skurrile Begebenheiten aus Schriftstellerleben, erkunden fiktive Plätze, lernen imaginäre Personen kennen und erfahren von Rekorden und der Wirkungsmacht von Bestsellern. Durch das Mitraten sind Sie aktiv an dem Geschehen in diesem Buch beteiligt und erweitern durch die Erklärungen in den Auflösungen der Quizfragen spielerisch ihr Wissen.

Mögen Ihnen die Versuche, vorliegende Fragen zu beantworten, erstaunliche, witzige und unvergessliche Erkenntnisse bringen und der Beginn einer abenteuerlichen und niemals enden wollenden Reise in die Welt der Literatur bedeuten. Jede einzelne der 123 Fragen hat die Kraft, ein Tor zu einer Welt zu öffnen, die immer sehr viel größer sein wird, als es Netflix je sein kann.

Spielanleitung

Sie haben zwei Möglichkeiten, dieses Buch zu benützen. Sie können es zur Hand nehmen, wenn Sie allein sind, auf einer Zugfahrt oder am Strand zum Beispiel, und das Quiz mit sich selbst spielen. Sie überprüfen dabei Ihr Wissen über Literatur und frischen es auch gleich auf unterhaltsame Weise auf.

Hier erfahren Sie einiges darüber, wie die großen Schriftsteller, Dramatiker und Lyriker dieser Welt gelebt, gedacht und geschrieben haben. Und Sie finden heraus, wie Literatur uns als Gesellschaft, Kulturkreis und Individuen schon immer geprägt hat und weiterhin prägt.

Jeder Frage ist eine bestimmte Punkteanzahl zugeordnet.

 Leichte Frage

 Mittlere Frage

 *Schwere Frage*

Gewinner, das steht fest, sind Sie dabei auf jeden Fall, weil Sie nach der Lektüre jede Menge Stoff für geistreichen Smalltalk haben.

Sie können das Buch außerdem als Gesellschaftsspiel verwenden. Dafür gehen Sie die Fragen der Reihe nach durch. Wer am Ende am meisten Punkte hat, gewinnt.

Insgesamt sind 285 Punkte zu erreichen.

Viel Vergnügen!

Klassiker

Welches Werk gilt im **deutschen Sprachraum** als **erster Krimi**?

a) Johann Wolfgang von Goethes »Die Mitschuldigen«

b) E.T.A. Hoffmanns »Das Fräulein von Scuderi«

c) Friedrich Glausers »Wachtmeister Studer«

Dichterin, 73, jagt Serienmörder

Antwort b) Hauptfigur in der Novelle *Das Fräulein von Scuderi* des Romantikdichters E.T.A. Hoffmann (1776 bis 1822) ist eine 73-jährige, hoch respektierte Dichterin am Hof von König Ludwig XIV. Als im Paris des Jahres 1860 ein Serienmörder sein Unwesen treibt, fängt Fräulein Madeleine von Scuderi in Eigeninitiative zu ermitteln an. Sie stellt fest, dass alle Morde dem gleichen Muster folgen: Die Opfer sind immer adelige Männer. Ihr Mörder passt sie ab, während sie auf dem Weg zu ihren Geliebten sind, denen sie wertvolle Armbänder und Ketten schenken wollen. Er tötet sie mit einem Dolchstich ins Herz und stiehlt den Schmuck.

Hoffmanns Novelle gilt als erster deutschsprachiger Krimi. Zwischen 1919 und 1976 entstanden auf Basis der Erzählung sechs Filme.

Auch in der Psychologie hat das Fräulein von Scuderi Spuren hinterlassen. Als Täter stellt sich in der Novelle am Ende der Goldschmied Cardillac heraus, der die gestohlenen Schmuckstücke selbst hergestellt hat. Er verkraftet die Vorstellung nicht, dass jemand anderer seinen Schmuck trägt. Sein Dilemma: Er musste ihn verkaufen, um Geld zu verdienen. Deshalb tötet er kurzerhand die Käufer und holt sich seinen Schmuck wieder zurück. Wenn Psychologen heute vom Cardillac-Syndrom sprechen, dann meinen sie die Unfähigkeit von Künstlern, sich von ihrem Werk zu trennen. Ein Grund für dieses Verhalten: Für Künstler stellen ihre Werke einen Teil ihrer Identität dar.

Orte und Figuren

Wer besucht Ebenezer Scrooge, die Hauptfigur in der
Erzählung »**A Christmas Carol**« (Eine Weihnachtsgeschichte)
von **Charles Dickens** (1812 bis 1870)?

a) Die Geister der Wahrheit

b) Der Geist seines verstorbenen Vaters

c) Die Geister der Weihnacht

Verwandlung zu Weihnachten

Antwort: c) A Christmas Carol, eine der bekanntesten Erzählungen von Charles Dickens, erschien am 19. Dezember 1843. Der alte, geizige Geldverleiher Ebenezer Scrooge bekommt in der Vorweihnachtsnacht Besuch von seinem verstorbenen Teilhaber und dann von drei weiteren Geistern. Der »Geist der vergangenen Weihnacht« zeigt ihm, wie ihn seine Familie als Kind verstoßen hatte und er Weihnachten alleine verbringen musste. Der »Geist der diesjährigen Weihnacht« bringt Scrooge zur Familie seines Angestellten: Dessen Sohn Tim ist sterbenskrank. Trotzdem feiern alle ein schönes Weihnachtsfest und stoßen sogar auf den geizigen Arbeitgeber an. Der »Geist der zukünftigen Weihnacht« führt Scrooge schließlich seinen eigenen Tod vor Augen. Er muss sehen, dass ihm kein Mensch nachtrauert. Am nächsten Tag ist Scrooge wie verwandelt und voller guter Vorsätze. Er lacht und beschenkt seine Familie und Angestellten. Mit dieser sozialkritischen Erzählung wollte Dickens allgegenwärtige Missstände im England des 19. Jahrhunderts anprangern.

Schriftstellerleben

Welcher berühmte deutsche Autor
ging mit einem **Tuchgeschäft** pleite?

a) Heinrich Heine

b) Hermann Hesse

c) Clemens Brentano

Die kuriose Firmengeschichte von »Harry Heine & Comp.«

Antwort: a) Heinrich Heine kam 1797 als ältestes von vier Kindern des Tuchhändlers Samson Heine zur Welt. 1814 verließ er das Lyzeum ohne Abschluss, weil er gemäß der Familientradition an der Handelsschule eine Ausbildung für einen kaufmännischen Beruf absolvieren sollte. Zunächst arbeitete Heine als Volontär bei einem Frankfurter Bankier und dann im Hamburger Bankhaus seines vermögenden Onkels Salomon Heine. Der bemerkte allerdings bald Heines mangelnde Begeisterung für Geldgeschäfte und wollte dem jungen Mann einen Ansporn bieten. Er gründete für ihn das Tuchgeschäft »Harry Heine & Comp.«, das bereits nach einem Jahr, 1819, pleite ging, weil Heine schon damals nur für die Dichtkunst brannte. Salomon Heine unterstütze seinen Neffen weiterhin, aber offenbar mit wenig Überzeugung. »Hätt' er gelernt was Rechtes, müsst er nicht schreiben Bücher«, soll er gesagt haben. Heine blieb sowohl als Autor als auch als Mensch sein Leben lang Außenseiter. Heute zählt er zu den bekanntesten deutschen Dichtern und Journalisten seines Jahrhunderts.

Klassiker

Jack Kerouac gilt als einer der einflussreichsten Schriftsteller Amerikas. Mit seinem Roman **»Unterwegs«** (»On the Road«) schrieb er das Reise-Buch schlechthin. Was für eine besondere Geschichte gibt es zur Entstehung dieses Werkes?

a) Kerouac schrieb das gesamte Manuskript in drei Nächten

b) Kerouac schrieb das ganze Manuskript auf einer etwa 36 Meter langen Schriftrolle

c) Kerouac orientierte seinen Stil an klassischer Musik

Seitenlange Sätze der Weltliteratur

Antwort: b) Jack Kerouac (1922 bis 1969) reiste zwischen 1947 und 1950 zusammen mit seinem Freund Neal Cassady und fast ohne Geld per Autostopp durch die USA. Als er von seinen Reisen zurückkehrte, wollte er seine Erlebnisse verarbeiten, wusste jedoch nicht, wie. Kein Stil schien seinen Abenteuern und Erfahrungen gerecht zu werden – bis er eines Tages einen Brief von Cassady erhielt. Darin schrieb dieser ohne Absatz und in Sätzen, die sich oft über eine ganze Seite erstreckten, in mehr als tausend Wörtern über ihre Reise. Kerouac wusste, dass er seine Erlebnisse nur in dieser Form niederschreiben konnte. Dafür heftete er so viele Seiten Papier aneinander, dass eine etwa 36 Meter lange Schriftrolle entstand. Kerouac spannte sie in seine Schreibmaschine und begann mit der Arbeit. Durch die zusammengehefteten Seiten entwickelte Kerouac einen hypnotischen Schreibfluss, da er keine Blätter wechseln musste und ihn nichts vom Schreiben ablenkte. Beeinflusst vom wilden und experimentellen Stil des Jazz schrieb Kerouac so mit *Unterwegs* den Roman seiner Generation.

Sein Schreibstil kam allerdings nicht bei allen gut an. Der Autor Truman Capote sagte über Kerouac: »Das ist kein Schreiben, das ist Tippen.«

Der Geschäftsmann Jim Irsay ersteigerte die originale Schriftrolle 2001 für etwa 2 Millionen Dollar.

Zitate

Wie lautet der letzte Satz von **Voltaires** philosophischer Novelle »**Candide**«?

a) Wir leben in der besten aller Welten.

b) Man muss seinen Garten bebauen.

c) Denn sie wissen nicht, was sie tun.

Wo die Veränderung der Welt beginnt

Antwort: b) Candide oder der Optimismus ist eine 1759 erschienene satirische Novelle des Philosophen Voltaire, in welcher sich dieser gegen die optimistische Weltanschauung von Gottfried Wilhelm Leibniz wendet. Dieser meinte, wir lebten in der besten aller möglichen Welten. Voltaire selbst kann die Welt allerdings nur skeptisch und pessimistisch betrachten und verspottet mit beißendem Humor die Utopie eines sorglosen Lebens.

Trotz des pessimistischen Grundtons ist *Candide* ein kraftvoller und inspirierender Appell zur Aktivität. Dieser gipfelt im letzten Satz des Buches in der Feststellung: »Man muss seinen Garten bebauen.« Die Aufforderung, mit der Veränderung der Welt bei sich selbst zu beginnen, hat an Gültigkeit bis heute nichts verloren.

Rund zweihundert Jahre später fragte sich der französische Dichter Paul Valéry, was Voltaire zur Existenz der Atombombe gesagt hätte. Er kam zu dem Ergebnis, dass jener offenkundig zur Erkenntnis gelangt wäre: »Denn sie wissen nicht, was sie tun.«

Aus der Welt der Literatur

Georges Perec (1936 bis 1982) schrieb mit
»**Anton Voyls Fortgang**« (im Original »La Disparition«)
einen ganz besonderen Roman. Warum?

a) Er verzichtete auf den Buchstaben »e«

b) Der Roman besteht aus einem einzigen langen Satz

c) Der Roman ist in drei verschiedenen
Sprachen geschrieben, die sich abwechseln

Kreativität, die Grenzen braucht

Antwort: a) Georges Perec gehörte zur Gruppe Oulipo. Die einzelnen Buchstaben stehen für L′Ouvroir de Littérature Potentielle, was auf Deutsch »Werkstatt für Potentielle Literatur« heißt. Ihre Mitglieder nahmen sich vor, die Literatur zu erweitern, indem sie sich selbst Grenzen setzten und diese dann kreativ einhalten mussten. Sie selbst nannten das »Spracherweiterung durch formale Zwänge«. Diese Idee brachte Perec dazu, 1969 den Roman *Anton Voyls Fortgang* zu schreiben. Perec setzte sich ein scheinbar unerreichbares Ziel: Er wollte sein Buch ohne den Buchstaben »e« verfassen, obwohl »e« der meistgebrauchte Buchstabe der französischen Sprache ist. Doch es gelang ihm. Dadurch bewies er, dass ein Schriftsteller gerade innerhalb engster Grenzen eine besondere Kreativität entwickeln kann. Dem Übersetzer Eugen Helmlé gelang der Kraftakt, das Werk ins Deutsche zu übersetzen, wo der Buchstabe »e« ebenso der häufigste ist. Die spanische Übersetzung verzichtet dagegen auf den häufigsten Buchstaben in ihrer Sprache, nämlich das »a«.

Klassiker

Der Tausend-Seiten-Roman »**Ulysses**« von **James Joyce** spielt in Dublin an einem einzigen Tag, dem 16. Juni 1904. Dieser Tag wird mittlerweile weltweit als Bloomsday gefeiert, benannt nach Leopold Bloom, der Hauptfigur des Buches. Warum aber wählte Joyce gerade dieses Datum?

a) Der Sterbetag seiner Mutter

b) Das erste Date mit seiner Frau

c) Der Geburtstag seines Sohns Stanislaus

Liebe auf den ersten Blick

Antwort: b) Am 16. Juni führte James Joyce (1882 bis 1941) seine spätere Frau Nora Barnacle zum ersten Mal aus. Kennengelernt haben sich die beiden sechs Tage zuvor, am 10. Juni – und zumindest auf Seiten von James Joyce war es Liebe auf den ersten Blick. Er bat sie sofort um ein weiteres Treffen, Nora Barnacle sagte auch zu, erschien jedoch nicht. Er hinterlegte in »Finn's Hotel«, in dem sie als Zimmermädchen arbeitete, einen Brief. Darin fragte er sie erneut um ein Rendezvous. Am 16. Juni unternahmen sie schließlich einen gemeinsamen Spaziergang. Wahrscheinlich blieb es nicht nur beim Spazieren, denn Nora Barnacle, die *Ulysses* übrigens nie gelesen hat, soll später gesagt haben: »Das war der Tag, an dem ich einen Mann aus Jim gemacht habe!«

Seit 1954 wird der Bloomsday jährlich am 16. Juni gefeiert. Liebhaber des Buches treffen sich an diesem Tag an ganz bestimmten Orten in Dublin. Und zwar an jenen, die von Leopold Bloom im Roman besucht werden. Einer dieser Plätze ist beispielsweise der James-Joyce-Turm, der an der Küste Dublins liegt und vor dem die erste Szene des Romans spielt.

Schriftstellerleben

Er gewann den **Pulitzer-Preis**, war mit Marilyn Monroe verheiratet und litt als **Kommunist** in Amerika unter politischen Repressionen. Wer ist gesucht?

a) Arthur Miller

b) Tennessee Williams

c) Thornton Wilder

Harte Kritik am amerikanischen Traum

Antwort: a) Arthur Miller (1915 bis 2005) schrieb 1949, gerade mal 33 Jahre alt, das Theaterstück *Tod eines Handlungsreisenden*, das bis heute zu einem der meistgespielten Stücke überhaupt zählt. Das Drama, mit dem Miller den Pulitzer-Preis gewann, erzählt von dem Handlungsreisenden Willy Lorman, der dem American Dream nachhängt und glaubt, dass mit harter Arbeit allein jeder reich werden kann. Während er versucht, als Handlungsreisender Karriere zu machen, gerät sein Leben immer mehr außer Kontrolle. Statt eines Vermögens häuft er Schulden an. Er entfremdet sich von seinem Sohn und seiner Ehefrau und verfällt in Wahnvorstellungen. Am Ende nimmt er sich das Leben. Er täuscht dabei einen Autounfall vor, um seine Familie durch seine Lebensversicherung aus den Schulden zu befreien.

Diese harte Kritik am American Dream und dem kapitalistischen System des damaligen Präsidenten Joseph McCarthy machte Miller zum Ziel der Behörden. Er kam auf die rote Liste, auf der jene Künstler standen, denen die Regierung eine Nähe zum Kommunismus unterstellte. Für den Autor bedeutete das Repressionen und Zensur.

1956 heiratete Arthur Miller Marilyn Monroe. Für Miller konvertierte Monroe zum Judentum. Sie zog sogar in Erwägung, für ihn ihre Karriere als Schauspielerin aufzugeben. Dazu kam es allerdings nicht. Im Gegenteil, Miller schrieb eigens für seine Ehefrau das Drehbuch zu der Komödie *Misfits – Nicht gesellschaftsfähig*. Doch bei den Dreharbeiten kam es zu Streitereien. Die beiden trennten sich 1961, Monroe starb ein Jahr später an einer Überdosis Schlafmittel.

Zahlen, Rekorde, Preise

Wer bekam mit dieser Begründung den **Nobelpreis** verliehen: »für ihre literarische Darstellung einer wichtigen Seite der US-amerikanischen Gesellschaft durch visionäre Kraft und poetische Prägnanz«?

a) Toni Morrison

b) Nadine Gordimer

c) Doris Lessing

Sehr blaue Augen

Antwort: a) 2007 ging der Nobelpreis an die britische Autorin Doris Lessing (1919 bis 2013), »der Epikerin weiblicher Erfahrung, die sich mit Skepsis, Leidenschaft und visionärer Kraft eine zersplitterte Zivilisation zur Prüfung vorgenommen hat«. Das berühmteste Werk der Autorin, die in Persien und Simbabwe aufwuchs, ist *Das goldene Notizbuch*.

Die südafrikanische Autorin Nadine Gordimer (1923 bis 2014) erhielt den Preis 1991 für »ihre epische Dichtung, die der Menschheit einen großen Nutzen erwiesen hat«, wie die schwedische Akademie schrieb. In Werken wie *Der Besitzer* oder *Keine Zeit wie diese* setzt sie sich kritisch mit dem Apartheid-Regime in Südafrika auseinander.

Die afroamerikanische Schriftstellerin Toni Morrison (1931 bis 2019) bekam den Preis 1993, unter anderem »für ihre literarische Darstellung einer wichtigen Seite der US-amerikanischen Gesellschaft durch visionäre Kraft und poetische Prägnanz.« In Werken wie *Sehr blaue Augen*, *Gnade* oder *Menschenkind* beschäftigt sie sich mit dem tief verwurzelten Rassismus in der amerikanischen Gesellschaft.

Schriftstellerleben

Welcher dieser Dichter war **nicht blind**?

a) Homer

b) John Milton

c) Jorge Luis Borges

Was Menschen nicht sehen

Antwort: a) John Milton (1608 bis 1674) schrieb mit *Paradise Lost* eines der bedeutendsten englischen Gedichte überhaupt. Fast wäre er einer politischen Revolution zum Opfer gefallen, als das Herrscherhaus der Stuarts die englische Republik auflöste und sich die Krone sicherte. Milton, der mit politischen Schriften für die Republik eintrat, ließen die Stuarts nur deswegen am Leben, weil er nach seinem vollständigen Erblinden viel an Einfluss verlor und sich aus dem politischen Leben zurückzog, um sich ganz der Kunst zu widmen. In den folgenden Jahren schrieb er *Paradise Lost*, in dem es um den Höllensturz Satans und den Sündenfall Adam und Evas geht.

Der Argentinier Jorges Luis Borges (1899 bis 1986) hatte einen erheblichen Einfluss auf die Literatur des 20. Jahrhunderts. Aufgrund einer vererbten Krankheit erblindete er, was ihn jedoch nicht davon abhielt, weiterhin literarisch tätig zu sein, indem er seine Werke diktierte.

Über Homer, mit seinen Werken *Illias* und *Odyssee* Urvater der abendländischen Dichtung, ist nicht viel bekannt. Antike Quellen beschreiben ihn als blinden Wandersänger. Die Blindheit dürfte aber als Metapher zu verstehen sein, da Homer in seiner Dichtung das Wirken der Götter beschrieb, das normale Menschen nicht sehen konnten.

Zahlen, Rekorde, Preise

Der **Prix Goncourt** ist der bedeutendste
Literaturpreis **Frankreichs**. Wie hoch ist das Preisgeld?

a) Es gibt kein Preisgeld

b) 10 Euro

c) 10.000 Euro

Viel Ehre, wenig Geld

Antwort: b) Der Prix Goncourt geht auf die beiden Brüder, Schriftsteller und Literaturkritiker Edmond und Jules de Goncourt zurück. Bevor Edmond 1896 starb, legte er in seinem Testament fest, dass dieser Preis sein Erbe an die französische Literaturwelt sein sollte. Seit 1904 wird der renommierte Preis von einer zehnköpfigen Jury an den besten französischsprachigen Roman des Jahres vergeben. Das Preisgeld ist mit 10 Euro gering, doch aufgrund der Bekanntheit des Preises ist dem Sieger ein Platz auf den Bestsellerlisten garantiert. Mittlerweile gibt es Preise für den besten Roman, die beste Biografie, den besten Debütroman, die beste Kurzgeschichte und einen Preis für das Gesamtwerk eines Dichters oder einer Dichterin. Berühmte Preisträger und Preisträgerinnen sind etwa Marcel Proust, Simone de Beauvoir, Patrick Modiano, Marie N'Diaye und Michel Houellebecq.

Aus der Welt der Literatur

Friedrich Schiller benötigte für
seine dichterische Arbeit unbedingt ...

a) Den Geruch fauler Äpfel

b) Ein Bett, da er nur im Liegen schreiben konnte

c) Eine Pfeife

Der seltsame Inhalt einer Schreibtischlade

Antwort: a) Der amerikanische Autor Truman Capote schrieb viele seiner Werke im Liegen, mit der Schreibmaschine auf den Knien. Er soll gesagt haben: »Ich kann nicht denken, wenn ich mich nicht hinlege.«

Der Philosoph Immanuel Kant hatte sich die Regel auferlegt, täglich nur eine Pfeife zu rauchen, wobei die Pfeifenköpfe im Laufe seines Lebens immer größer wurden.

Friedrich Schiller konnte ohne den Geruch alter, faulender Äpfel nicht arbeiten. Johann Wolfgang von Goethe berichtete, dass er eines Tages seinen Freund Schiller besuchen wollte, dieser aber nicht zuhause war. So setzte er sich an dessen Schreibtisch, um ein paar Notizen zu machen. Plötzlich wurde ihm übel und er war kurz davor, in Ohnmacht zu fallen. Der Grund: Ein »sehr fataler Geruch« strömte aus einer der Schubladen. Diese hatte Schiller bis oben hin mit verfaulten Äpfeln gefüllt. Schillers Frau erzählte Goethe, dass Schiller ohne den Geruch nicht schreiben konnte. Was genau ihn an dem eigenwilligen Duft so inspirierte, ist unklar. Womöglich dachte Schiller, der Geruch würde seinen erkrankten Atemwegen helfen.

Schriftstellerleben

Über einen der großen **Dichter des Mittelalters** ist nicht mehr bekannt als die Kosten eines Pelzmantels, den er trug. Einige Forscher schreiben ihm das **Nibelungenlied** zu.
Wer ist gesucht?

a) Wolfram von Eschenbach

b) Gottfried von Straßburg

c) Walther von der Vogelweide

Geschätzt vom Bischof

Antwort: c) Forscher, die sich mit dem Leben des Dichters Walther von der Vogelweide (etwa 1170 bis 1230) beschäftigen, haben es schwer. Bei ihrer Arbeit können sie nur mit Informationen arbeiten, die sich in seinen Werken finden oder die Dichterkollegen über den Minnesänger niedergeschrieben haben. In beiden Fällen ist es schwierig, zwischen Wahrheit und Fiktion zu unterscheiden, schließlich sind Dichter dafür bekannt, ihr Leben poetisch zu überhöhen.

Das einzige gesicherte Faktum über Walther von der Vogelweide steht in einer Reisekostenabrechnung des Passauer Bischofs Wolfger von Erla vom 12. November 1203. »Walther, dem Sänger aus Vogelweide, für einen Pelzmantel fünf Schilling«, vermerkte der Geistliche auf Latein. Daraus lässt sich immerhin auf die soziale Stellung des Dichters und Minnesängers schließen. Der Bischof behandelte ihn ebenso gut wie seine engeren Mitarbeiter, die zu Beginn der kalten Jahreszeit ebenfalls Pelzmäntel im gleichen Wert erhielten. Der Bischof von Erla gilt auch als Auftraggeber des Nibelungenlieds, in dem es um Sigfried und den Nibelungenschatz geht. Daher vermuten einige Forscher Walther von der Vogelweide hinter diesem Werk, bewiesen ist das jedoch nicht.

Walther von der Vogelweide, der in mittelhochdeutscher Sprache schrieb, gilt als bedeutendster deutschsprachiger Dichter des Mittelalters.

Klassiker

Die Veröffentlichung von »**Madame Bovary**« brachte **Gustave Flaubert** 1856 eine Anzeige ein wegen …

a) Verletzung der öffentlichen Moral und Religion

b) Expliziter Darstellung von Selbstmord

c) Plagiarismus

Eine moralisch fragwürdige Geschichte

Antwort: a) Mit *Madame Bovary* veränderte der Franzose Gustave Flaubert (1821 bis 1880) die Gattung des Romans nachhaltig und legte einen Grundstein für die Literatur der Moderne. Die Geschichte handelt von Emma Bovary, die den Landarzt Charles heiratet. Emma, die Unmengen Literatur verschlingt und in ihren Büchern lebt, erhofft sich ein aufregendes Leben – doch der Alltag an der Seite des Landarztes stellt sich als langweilig heraus. Immer mehr flüchtet sich Emma in ihre Bücher und überträgt deren Inhalte auf ihr Leben. Sie geht Affären ein, verschuldet sich und begeht schlussendlich Selbstmord. Doch nicht nur der Plot des Romans ist drastisch, sondern auch seine Form: Flaubert fungiert als völlig neutraler Erzähler. Zu dieser Zeit war es üblich, bei moralisch fragwürdigen Geschichten wie dieser, den Leser darauf hinzuweisen, was (nach geltenden Maßstäben) gut und was schlecht sei. Flaubert erzählte jedoch eine Geschichte, die für alle tragisch endet, und enthielt sich jeder Wertung. Dafür machte ihm die französische Zensur den Prozess. Zu seiner Verteidigung zitierte er einen seiner Briefe: »Der Autor muss in seinem Werk wie Gott im Universum sein, überall anwesend und nirgends sichtbar.« Er gewann den Prozess und setzte somit neue Maßstäbe für die künstlerische Freiheit im Frankreich des 19. Jahrhunderts.

Schriftstellerleben

Werke wie »Faust« oder »Der junge Werther« von **Johann Wolfgang von Goethe** zählen zu den bedeutendsten Werken der deutschen Literatur. Was hielt der Meister jedoch selbst für seine **größte Errungenschaft**?

a) Seine politische Karriere am Hof von Weimar

b) Sein naturwissenschaftliches Werk »Zur Farbenlehre«

c) Sein Ritterkreuz der französischen Ehrenlegion, überreicht von Napoleon

Falsche Überlegungen

Antwort: b) Weder sein Amt als Finanzminister am Hof von Weimar, noch das Ritterkreuz der französischen Ehrenlegion, das ihm Napoleon verlieh, waren Johann Wolfgang von Goethe (1749 bis 1832) so wichtig wie seine *Farbenlehre*. Über dieses Werk, das 1810 erschien, schreibt Goethe in einem Brief: »Auf alles, was ich als Poet geleistet habe, bilde ich mir gar nichts ein. Daß ich aber in meinem Jahrhundert in der schwierigen Wissenschaft der Farbenlehre der einzige bin, der das Rechte weiß, darauf tue ich mir etwas zugute.«

In diesem Werk will Goethe eine der großen wissenschaftlichen Fragen seiner Zeit beantworten: Wie entstehen Farben? Ein Jahrhundert zuvor hatte der berühmte Physiker Sir Isaac Newton bewiesen, dass sich weißes Licht aus farbigen Lichtern zusammensetzt. Goethe schien dies unmöglich. Er entwickelte deshalb eine eigene Theorie, in der weißes Licht rein ist und sich Farben aus einem Zusammenspiel von Licht und Finsternis ergeben. Die Farbenlehre ist interessant, weil sie uns einen Einblick in das Naturverständnis des großen Dichters erlaubt. Doch naturwissenschaftlich ist das Werk irrelevant. Bereits sehr bald nach dem Erscheinen war sich die wissenschaftliche Gemeinde einig: Goethe lag in seinen physikalischen Überlegungen über die Farben völlig falsch.

Klassiker

»**Krieg und Frieden**« (1869) von **Leo Tolstoi**
ist einer der großen Klassiker der Weltliteratur.
Doch um welchen Krieg geht es eigentlich?

a) Den Ersten Weltkrieg

b) Die Napoleonischen Kriege

c) Den Russischen Bürgerkrieg

Leben und Lieben im Ausnahmezustand

Antwort: b) Im Zentrum von Leo Tolstois (1828 bis 1910) großem Roman stehen die glücklichen und unglücklichen Liebesbeziehungen der russischen Aristokratie. Die Napoleonischen Kriege gegen Russland stellen die historische Kulisse dar. So gut wie jeder Protagonist wird mit den Expansionsbestrebungen von Napoleon Bonaparte konfrontiert. Der Roman umfasst die Zeit vom Höhepunkt Napoleons Macht um 1807 bis zu seiner großen Niederlage im Russlandfeldzug 1812.

Doch nicht nur die unzähligen Charaktere und die detailreichen Schilderungen der russischen Aristokratie machen Tolstois Werk bis heute so faszinierend. Die Geschichte handelt von einer Zeit im Ausnahmezustand, äußerlich durch den Krieg, den Napoleon über Europa brachte, innerlich durch die komplizierten Gefühle und Liebesbeziehungen der Protagonisten.

Orte und Figuren

In welcher fiktiven Stadt lässt **Gabriel García Márquez** (1927 bis 2014) einige seiner berühmtesten Werke spielen?

a) Santa María

b) Yoknapatawpha

c) Macondo

Einer der berühmtesten erfundenen Orte der Weltliteratur

Antwort: c) Manche Schriftsteller gehen in ihren Werken so weit, ganze Orte zu erfinden, in denen sie ihre Geschichten ansiedeln. Während Santa María die erschriebene Fantasiestadt des uruguayischen Schriftstellers Carlos Onetti ist und Yoknapatawpha County der fiktive Schauplatz der meisten Romane und Erzählungen des Literaturnobelpreisträgers William Faulkner, erfand Gabriel García Márquez das Städtchen Macondo. Als Vorbild dafür diente ihm seine Geburtsstadt Aracataca im Norden Kolumbiens. 2006 gab es sogar ein Referendum über die Frage, ob sie nicht in Macondo umbenannt werden sollte, um den Tourismus anzukurbeln. Das Referendum scheiterte allerdings an mangelnder Wahlbeteiligung, sodass Macondo ein fiktiver Schauplatz bleibt, wenngleich auch einer der berühmtesten erfundenen Orte der Weltliteratur. Hier spielen nicht nur der Nobelpreisroman *Hundert Jahre Einsamkeit*, sondern auch andere Werke García Márquez', etwa *Das Leichenbegräbnis der Großen Mama, Laubsturm, Die böse Stunde* oder *Der Oberst hat niemand, der ihm schreibt*.

Schriftstellerleben

1816 ging in Amerika und Europa als »**Jahr ohne Sommer**« in die Geschichte ein. Der Grund: Der Vulkan Tambora war ausgebrochen und brachte eine unglaubliche Kälte. Das schlechte Wetter veranlasste die Gäste des englischen Dichters und Freiheitskämpfers **Lord Byron,** am Genfersee Schauergeschichten zu schreiben. Welches weltbekannte Buch entstand dabei?

a) Bram Stokers »Dracula«

b) Mary Shelleys »Frankenstein«

c) Robert Louis Stevensons »Dr. Jekyll & Mr. Hyde«

Gruselgeschichten eines Regentages

Antwort: b) Es war eine illustre Runde, die den Sommer 1816 am verregneten Genfersee verbrachte und die englische Klatschpresse beschäftigte: der Schriftsteller und Adelige Lord Byron, dessen Leibarzt John Polidori, Mary Shelley (damals noch Godwin), ihr zukünftiger Ehemann Percy Bysshe Shelley und ihre Stiefschwester Claire Clairmont. Nachdem der Regen sie im Haus einschloss, beschlossen sie, Gruselgeschichten zu schreiben und sich diese gegenseitig vorzutragen. John Polidori erfand bei dieser Gelegenheit mit *The Vampyre* das Genre des Vampirromans. Der elegante Untote, den Polidori schuf, sollte zum Vorbild aller nachfolgenden Vampirgeschichten werden. Mary Shelley schrieb allerdings den größten Erfolg, einen der weltweit bekanntesten Romane überhaupt: *Frankenstein oder Der moderne Prometheus*, der 1818 erschien. Sie erzählt darin die Geschichte des Schweizer Wissenschaftlers Viktor Frankenstein, der einen künstlichen Menschen erschafft. Der Roman hat bis heute großen Einfluss auf die Literatur und Populärkultur.

Klassiker

Der britische Schriftsteller **Oscar Wilde** schrieb seinen einzigen Roman über den Dandy **Dorian Gray**, der ewige Jugend genießt. Was ist dafür verantwortlich?

a) Ein Buch

b) Eine Fotografie

c) Ein Porträt

Die seltsame Macht eines Kunstwerks

Antwort: c) Oscar Wilde (1854 bis 1900) ist vor allem für seine Theaterstücke berühmt, doch auch sein einziger Roman erreichte ein breites Publikum: *Das Bildnis des Dorian Gray*, erschienen 1890. Dorian Gray ist ein bildschöner Jüngling, der von dem älteren Lebemann Lord Henry in das rauschhafte Londoner Nachtleben eingeführt wird. Ein mysteriöses Porträt von Dorian lässt die hedonistischen Exzesse spurlos an ihm vorübergehen. Er selbst altert nicht, dafür aber sein Bild. Und auch sonst bleibt sein Körper von Verletzungen verschont. Welche seltsame Macht das Kunstwerk umgibt, bleibt den ganzen Roman über ein Geheimnis. Doch Dorian ahnt: In diesem Portrait steckt seine Seele.

Wilde stellt in seinem Werk aktuelle Fragen: Sollte Vergnügen das oberste Ziel sein? Und was macht das Streben nach Lust aus einem Menschen?

Oscar Wilde selbst gilt als Prototyp des britischen Dandys. Seine Kleidung war extravagant, seine Rhetorik geschliffen und sein Sarkasmus gefürchtet. Der Autor führte ein hedonistisches Leben, das die Regierung im viktorianischen England allerdings nicht duldete. Wegen des Vorwurfs der Homosexualität landete er 1895 für zwei Jahre im Zuchthaus. Von den unmenschlichen Bedingungen gezeichnet, verließ er nach seiner Entlassung England und ging nach Frankreich. Dort starb er drei Jahre später, 1900, in Isolation und Armut.

Zitate

Welches dieser Zitate stammt NICHT
von **Johann Wolfgang von Goethe**?

a) Aus den Steinen, die dir in den Weg
gelegt werden, kannst du etwas Schönes bauen.

b) Er aber, sag's ihm, er kann mich im Arsche lecken!

c) Man sollte alle Tage wenigstens ein kleines Lied
hören, ein gutes Gedicht lesen, ein treffliches
Gemälde sehen und, wenn es möglich zu machen
wäre, einige vernünftige Worte sprechen.

Worte, die der Kuckuck bringt

Antwort: a) Das berühmte »Götz-Zitat« »er kann mich im Arsche lecken!« steht tatsächlich im *Götz von Berlichingen*, Goethes 1774 uraufgeführtes Schauspiel, in dem ihm als Vorbild für seine Hauptfigur der fränkisch-schwäbische Reichsritter Gottfried »Götz« von Berlichingen zu Hornburg (genannt »mit der Eisernen Hand«) diente.

Die Lebensempfehlungen über kleine Lieder, gute Gedichte, treffliche Gemälde und vernünftige Worte gab Goethe in seinem wegweisenden Entwicklungsroman *Wilhelm Meisters Lehrjahre*, erschienen 1795/96.

Nicht geäußert hat er sich über die Steine auf dem Weg, aus denen sich etwas Schönes bauen ließe. Dennoch scheint der Dichterfürst oft als Quelle dieses Sprichwortes auf. Anscheinend schrieb es ihm als erster der FDP-Abgeordnete Klaus Beckmann zu, und zwar 1986 im Deutschen Bundestag während einer verkehrspolitischen Debatte über die Einführung der Parkkralle.

Noch öfter als Goethe wird, ebenso fälschlich, Erich Kästner als Quelle des Sprichwortes genannt. Die Zitatforschung spricht in solchen Fällen von »Kuckucks-Zitaten«. Von wem das Sprichwort ursprünglich stammt, ist nicht bekannt.

Schriftstellerleben

Wie alt war **Daniel Defoe**, als er seinen ersten Roman
**»The Life and Strange Surprizing Adventures
of Robinson Crusoe«** (»Das Leben und die seltsamen
Abenteuer des Robinson Crusoe«) schrieb?

a) 19 Jahre

b) 39 Jahre

c) 59 Jahre

Spätstart eines großen Romanciers

Antwort: c) Daniel Defoe, der eigentlich als Daniel Foe zur Welt kam, hatte bei Erscheinen seines Welterfolges bereits ein ereignisreiches Leben hinter sich. 1665, im Alter von fünf Jahren, überlebte er die Pest, ein Jahr später den großen Brand von London, der vier Fünftel der Stadt zerstörte. Als er zehn Jahre alt war, starb seine Mutter. Während der kriegerischen Auseinandersetzungen zwischen England und Frankreich verlor er als ohnedies nicht besonders erfolgreicher Kaufmann mehrere Schiffsladungen Ware und musste Bankrott anmelden. 1701 feierte er einen ersten literarischen Erfolg mit einem Gedicht, in dem er für Toleranz gegenüber nationalen und religiösen Minderheiten eintrat. Ein Jahr später griff er die anglikanische Kirche für deren Intoleranz gegenüber anderen Glaubensrichtungen an und musste ins Gefängnis. Das und die damit einhergehende Geldstrafe ruinierten ihn erneut finanziell.

Doch Defoe bewies, dass sich Ausdauer lohnt: Am 6. Mai 1719, im Alter von 59 Jahren, veröffentlichte Defoe seinen ersten Roman, zu dem ihn die Geschichte des Seemanns Alexander Selkirk inspirierte. Dieser war auf einer Insel vor der chilenischen Küste zurückgeblieben und hatte dort mehr als vier Jahre verbracht. Der Held in Defoes Buch ist sogar 28 Jahre abseits der Zivilisation gestrandet. In Anlehnung an sein Werk entstand der Begriff »Robinsonade«: Das ist ein Text, der einen ausgesetzten Abenteurer auf einer verlassenen Insel zum Thema hat.

Klassiker

»Kabale und Liebe« (1784) ist eines der bekanntesten
Theaterstücke von **Friedrich Schiller** (1759 bis 1805).
Doch was bedeutet das altertümliche Wort »Kabale« eigentlich?

a) Intrige

b) Streiterei

c) Abneigung

Die Konventionen der besseren Leute

Antwort: a) In *Kabale und Liebe* liebt Ferdinand, dessen Vater ein einflussreicher Adeliger ist, die Tochter eines Musikers, Luise. Luise erwidert Ferdinands Liebe, doch ihre unterschiedlichen gesellschaftlichen Stellungen machen eine Heirat unmöglich. Noch dazu versucht Ferdinands Vater alles, um seinen Sohn mit einer einflussreichen Dame bei Hofe zu verheiraten und somit seine politischen Ambitionen zu untermauern. Seine hinterhältige Kabale – ein mittlerweile nicht mehr gebräuchliches Wort für Intrige – lassen Ferdinand letztlich glauben, Luise liebe einen anderen. Dies führt zu dem tragischen Ende des Stücks.

Schiller schrieb *Kabale und Liebe* in der Zeit des Sturm und Drang. Er übt darin nicht nur Kritik an den politischen Intrigen des Adels, sondern auch an den gesellschaftlichen Regeln, die eine Heirat zwischen verschiedenen Ständen nicht erlaubten. Die Gefühle der Menschen, das macht Schiller in seinem Stück deutlich, sollten über den Regeln und Zwängen einer Gesellschaft stehen. Schiller selbst war mit unkonventionellen Beziehungen vertraut. Er führte eine Zeit lang eine Art Dreiecksbeziehung mit den Schwestern Charlotte und Caroline von Lengefeld.

Aus der Welt der Literatur

Palindrome sind besonders raffinierte rhetorische Stilmittel. Welche der folgenden drei Formulierungen ist ein Palindrom?

a) Trug Tim eine so helle Hose nie mit Gurt?

b) Veni Vidi Vici

c) Auf acht Leute Acht geben

Andersherum ist alles gleich

Antwort: a) Bei dem berühmten Satz von Cäsar (übersetzt etwa »Ich kam, sah und siegte«) handelt es sich um eine sogenannte Alliteration, also um einen Gleichklang der Anfangslaute. Vor allem die Werbeindustrie hat dieses Stilmittel für sich entdeckt (zum Beispiel »Geiz ist geil«). Alliterationen werden auch gerne in mündlicher Dichtung eingesetzt. Der angenehme Rhythmus und die reimenden Anfangslaute verleihen dem Vortrag Dynamik und erleichtern das Auswendiglernen.

Kommt in einem Satz das gleiche Wort in unterschiedlichen Bedeutungen vor (hier die Zahl 8 und »Acht geben«), handelt es sich um eine Diaphora.

Palindrome schließlich sind Wörter oder Sätze, die von hinten gelesen genau den gleichen Sinn ergeben. Etwa »Trug Tim eine so helle Hose nie mit Gurt« oder Namen wie »Hannah«. Davon zu unterscheiden ist das Anagramm: Das wiederum ist ein Wort, dessen Sinn sich durch Umstellung von Buchstaben verändern lässt (zum Beispiel Regal – Lager).

Der französische Autor Georges Perec schrieb Briefe oder Gedichte mit teilweise mehr als tausend Wörtern, die ausschließlich aus Palindromen bestanden. Rückwärts gelesen haben die Briefe also den gleichen Inhalt wie bei normaler Lesart.

Orte und Figuren

Der Startpunkt der NASA-Flüge auf den Mond war **Cape Canaveral** in Florida. Welcher Schriftsteller hatte ein Jahrhundert zuvor zwei Romane über die **Reise zum Mond** geschrieben, die ebenfalls in Florida ihren Ausgang nahmen?

a) Jules Verne

b) H. G. Wells

c) H. P. Lovecraft

Prophet der Mondfahrt

Antwort: a) Jules Verne (1828 bis 1905) ist vor allem bekannt für seine Romane *Reise um die Erde in 80 Tagen* und *Reise zum Mittelpunkt der Erde*. 1865, also 104 Jahre vor der Apollo 11 Mission, veröffentlichte er das Buch *Von der Erde zum Mond*. Es geht in diesem frühen Science-Fiction-Roman vor allem um die Vorbereitung der Mondreise. Jules Verne hat erstaunlich viele Einzelheiten der ersten echten Mondfahrt vorausgesagt, unter anderem mit Florida auch den Ausgangspunkt der Mission. Organisator seiner Reise ist allerdings nicht die NASA, sondern der »Baltimore Gun Club«. Der Club schießt die Mondfahrer mit einer riesigen Kanone auf den Mond. Jules Verne machte sich damit über die schon damals nicht nachvollziehbare Faszination der US-Amerikaner für Waffen lustig. Der Abschuss der Mondfahrer lässt auf der Erde große Verwüstungen zurück und noch dazu verfehlen sie ihr Ziel. 1870 erschien die *Reise um den Mond*, die Fortsetzung des Romans, in dem zu lesen ist, was mit den Mondfahrern passiert. Sie geraten in die Umlaufbahn des Mondes und fliegen glücklicherweise nach einer Umrundung des Erdtrabanten wieder zu ihrem Heimatplaneten zurück.

Schriftstellerleben

Peter Handke avancierte in den 60er-Jahren zu so etwas wie dem **Popstar** der österreichischen Literatur. Was machte ihn schlagartig berühmt?

a) Er griff die Gruppe 47 – zu der unter anderem Günter Grass gehörte – in einer Tagung in Princeton an

b) Er kritisierte in seinem Stück »Theaterkritik« das zeitgenössische Theater

c) Er lehnte den Österreichischen Staatspreis für Literatur ab

Mit 24 zum Popstar der Literatur

Antwort: a) Sonnenbrille, Lesungen mit Rockmusik oder seine an den Beatles orientierte Pilzkopf-Frisur – Peter Handke (*1942) war wohl der erste Popstar der österreichischen Literatur. Mit zwei Aktionen gelang ihm 1966 der Durchbruch. Handkes Stück *Publikumsbeschimpfung* erschien, in dem er mit dem zeitgenössischen Theater abrechnete, vor allem mit jenem von Berthold Brecht. Das Werk beginnt mit den Worten: »Sie werden kein Schauspiel sehen. Ihre Schaulust wird nicht befriedigt werden.« Für Handke hatte sich das Theater durch bemühte Künstlichkeit vom Publikum entfremdet, dem wollte er entgegenwirken.

Im gleichen Jahr kritisierte er bei einer Tagung an der amerikanischen Universität Princeton die Gruppe 47, die damals als Meinungsmacher der deutschen Literatur galt. Handke warf ihnen »Beschreibungsimpotenz« vor – ihre Sicht auf die Literatur sei veraltet und überholt. Für viele war das der Anfang vom Ende der Gruppe 47.

Werke wie *Wunschloses Unglück* oder *Die Wiederholung* festigten seinen Ruf als bedeutender österreichischer Autor. 1987 erhielt er den österreichischen Staatspreis für Literatur.

Zahlen, Rekorde, Preise

Die 1974 erschienene Erzählung »**Die verlorene Ehre der Katharina Blum**« von **Heinrich Böll** (1917 bis 1985) erschien mit einer Startauflage von 100.000 Exemplaren und ist mit fast 3 Millionen Exemplaren Weltauflage das heute meistverkaufte Buch des Nobelpreisträgers. Trotzdem stand es in einigen deutschen Zeitungen nie auf den Bestsellerlisten. Warum?

a) Das Buch war seiner Zeit voraus und verkaufte sich anfangs nur schleppend

b) Heinrich Böll war gegen Bestsellerlisten und versuchte diesen zu entgehen

c) Die Erzählung war stark medienkritisch, sodass einige Zeitungen das Buch boykottierten

Die Rache der Journalisten

Antwort: c) Die Geschichte von Bölls Roman *Die verlorene Ehre der Katharina Blum* beginnt bereits einige Jahre vor dem Erscheinen des Buches und hat mit einer der hitzigsten Debatten in der jüngeren deutschen Geschichte zu tun. Anfang der 1970er-Jahre sorgte die terroristische Rote Armee Fraktion für eine Atmosphäre der Angst in Deutschland. Die *Bild*-Zeitung erklärte bereits einen nationalen Notstand, Heinrich Böll trat der Zeitung mit einem Artikel entgegen und sprach sich gegen unnötiges Schüren von Angst aus. Die *Bild* revanchierte sich, indem sie dem Schriftsteller Sympathie für die Terrororganisation unterstellte.

1974 erschien dann Bölls Werk, in dem ein fiktiver Berichterstatter verschiedene, scheinbar authentische (in Wahrheit von Böll erfundene) Quellen zusammenträgt, die belegen, wie die verlässliche Katharina Blum bei einer Tanzveranstaltung Ludwig Götten trifft und sich verliebt. Götten stellt sich als fahnenflüchtiger Bundeswehrsoldat heraus und die Polizei sucht nach ihm. Katharina hilft ihm zu entkommen und wird selbst abgeführt. Daraufhin machen die Medien aus der unbescholtenen Frau eine radikale »Mörderbraut«. Der Reporter Tötges manipuliert und verdreht jede Aussage zu Katharinas Ungunsten und bedrängt sogar deren Mutter, die vor Schock stirbt. Aus Wut und Verzweiflung erschießt Katharina Blum den Reporter. In einer Vorbemerkung hält Böll fest: »Sollten sich bei der Schilderung gewisser journalistischer Praktiken Ähnlichkeiten mit den Praktiken der Bild-Zeitung ergeben haben, so sind diese Ähnlichkeiten weder beabsichtigt noch zufällig, sondern unvermeidlich.« Der Springer Verlag, dem neben der *Bild* auch die Zeitung *Die Welt* gehört, versuchte daraufhin, die Erzählung so weit wie möglich zu boykottieren.

Klassiker

Auf welchem englischen Klassiker baut
Helen Fieldings (* 1958) Bestseller
»Bridget Jones – Schokolade zum Frühstück« auf?

a) Charles Dickens' »Oliver Twist«

b) William Shakespeares »Hamlet«

c) Jane Austens »Stolz und Vorurteil«

Eine unabhängige, selbstbewusste Frau

Antwort: c) Mit viel Witz gibt der 1996 erschienen Bestseller *Bridget Jones* Einblicke in das Leben einer Single-Frau aus London. Im Stil eines Tagebuchs erzählt Bridget Jones von beruflichen Problemen, ihren Lastern und Freuden. Vor allem aber berichtet sie über ihre romantischen Verwicklungen mit zwei Männern, ihrem Boss Daniel Cleaver und dem Anwalt Mark Darcy.

Der Plot ist von Jane Austens *Stolz und Vorurteil* inspiriert. Helen Fielding sah die BBC-Miniserie dazu und übernahm die Struktur der Handlung für ihren Roman. So kommt der Name »Darcy« für eine der männlichen Hauptfiguren in Fieldings Buch beispielsweise aus dem Roman von 1813. Außerdem arbeitet Bridget bei »Pemberley Press«, eine Referenz auf Darcys Anwesen in *Stolz und Vorurteil*. Vor allem aber ist Bridget Jones eine Frau, die im Lauf des Romans unabhängig und selbstbewusst wird. Sie lernt sich selbst zu akzeptieren und läuft schließlich weder einem der beiden Männer, noch irgendeinem Ideal mehr hinterher.

Große Bekanntheit erlangte der Roman mitunter durch die Verfilmung aus dem Jahr 2001 mit Renée Zellweger, Colin Firth und Hugh Grant. Firth übernahm die Rolle des Anwalts Mark Darcy, da er in der BBC-Serie von *Stolz und Vorurteil*, die Helen Fielding erst zu ihrem Roman inspirierte, den »echten« Fitzwilliam Darcy spielte. Fielding gab später zu, bei dem Charakter von Mark Darcy bereits Colin Firth im Kopf gehabt zu haben. 2016 wurde Bridget Jones in einer Umfrage als einzige fiktive Figur zu einer der sieben »Frauen mit dem größten Einfluss auf andere Frauen« gewählt, neben Margaret Thatcher oder Beyoncé.

Schriftstellerleben

Welchen Beruf übten **Anton Tschechow**, **Arthur Schnitzler** und **Michael Crichton** aus?

a) Arzt

b) Jurist

c) Diplomat

Die Literatur als Geliebte

Antwort: a) Anton Tschechow, Arthur Schnitzler und Michael Crichton gehören in die Kategorie der Dichterärzte, also Schriftsteller mit medizinischer Ausbildung. Anton Tschechow meinte: »Ich habe das Unglück, Mediziner zu sein«, denn jeder wollte sich mit ihm über Krankheiten, Symptome und Medikamente unterhalten. »Die Medizin ist meine gesetzliche Ehefrau, die Literatur meine Geliebte«, fasste er zusammen.

Der Wiener Schriftsteller und Arzt Arthur Schnitzler veröffentlichte gemeinsam mit seinem Vater einen »Klinischen Atlas der Laryngologie«. Als er in der Erzählung *Leutnant Gustl* 1901 den Ehrenkodex des Militärs angriff, erkannte dieses Schnitzler den Offiziersrang als Oberarzt der Reserve ab. Daraufhin wandte er sich ganz der Schriftstellerei zu.

Auch der amerikanische Bestsellerautor Michael Crichton begann nach dem Medizinstudium in Harvard zunächst mit einer wissenschaftlichen Karriere, bevor ihn die Verfilmung seines Romans *Jurassic Park* weltberühmt machte. Die von ihm entwickelte Fernsehserie *Emergency Room* revolutionierte das Genre der Krankenhausserien. Sie stellt als Erste den Alltag in einer Notaufnahme glaubwürdig und realitätsnah dar.

Aus der Welt der Literatur

Was vereint **Jacob Grimm**, **Stefan George**, **Bert Brecht**, **Ernst Jandl**, **Friederike Mayröcker** und **Marlene Streeruwitz**?

a) Sie waren für eine generelle Kleinschreibung

b) Sie veröffentlichten ausschließlich unter Pseudonym

c) Ihre Werke wurden zeitweise verboten

Als Großbuchstaben eine neue Mode waren

Antwort: a) Während die lateinische Schrift nur Großbuchstaben kannte, entwickelten sich unter Karl dem Großen im 9. Jahrhundert die heutigen Kleinbuchstaben, die schneller zu schreiben und zu lesen waren und sich deshalb durchsetzten. Der Gebrauch von Großbuchstaben zur Hervorhebung bestimmter Wörter, wie am Satzanfang oder in Eigennamen, erfolgte erst später.

Doch diese Änderungen gefielen nicht jedem. Jacob Grimm etwa äußerte sich bereits 1854 als Gegner der Großschreibung: »wer große buchstaben für den anlaut der substantive schreibt, schreibt pedantisch.« Die in der Frage erwähnten Schriftsteller und Schriftstellerinnen setzten sich alle zumindest eine Zeit lang für eine generelle Kleinschreibung ein.

Zahlen, Rekorde, Preise

Wer ist der/die erfolgreichste **englischsprachige** Autor/in?

a) Agatha Christie

b) William Shakespeare

c) Danielle Steel

2,5 Milliarden Mal Agatha Christie

Antwort: a) Danielle Steel (*1947) ist eine der erfolgreichsten Autorinnen aller Zeiten – und auch eine der produktivsten: Die Amerikanerin hat bis heute 179 Bücher verfasst, davon 146 Romane. Ihre um Themen wie Mord, Suizid oder Erpressung kreisenden Werke sind wegen des seichten Stils bei der Kritik verpönt, beim Publikum allerdings sehr beliebt. 530 Millionen Bücher hat sie bis heute verkauft.

William Shakespeare hatte 400 Jahre mehr Zeit, um Bücher zu verkaufen und kommt mittlerweile auf geschätzte 900 Millionen Exemplare.

Die erfolgreichste Autorin aller Zeiten dürfte allerdings seine Landsfrau Agatha Christie (1890 bis 1976) sein. Mehr als 2,5 Milliarden ihrer Bücher haben Menschen auf der ganzen Welt gekauft. Gleich zwei von Christies Protagonisten entwickelten sich zu Kultfiguren: der belgische Detektiv Hercule Poirot und die englische Lady Miss Marple. Christie belegt auch mit großem Abstand Platz 1 auf der Liste der meistübersetzten Autoren, ihr Werk zirkuliert in 103 Sprachen.

Zitate

Wer schrieb den **vielzitierten Spruch**: »Ich kann freilich nicht sagen, ob es besser werden wird, wenn es anders wird; aber so viel kann ich sagen, es muss anders werden, wenn es gut werden soll.«

a) Kurt Tucholsky

b) Hugo von Hofmannsthal

c) Georg Christoph Lichtenberg

Der Anfang des deutschsprachigen Aphorismus

Antwort: c) Georg Christoph Lichtenberg (1742 bis 1799) war ein Universalgenie: Er arbeitete als Mathematiker, Naturforscher, war der erste deutsche Professor der Experimentalphysik und begründete nebenbei den deutschsprachigen Aphorismus. Aphorismen sind kurze Sätze, die einen Gedanken rhetorisch besonders gut ausdrücken. Lichtenberg führte fünfzig Jahre lang Hefte, die er mit Aphorismen vollschrieb, und die er »Sudelbücher« nannte. In ihnen findet sich auch der oben zitierte Spruch.

Als Vertreter der Aufklärung wusste Lichtenberg, dass die Menschen erst frei sein konnten, wenn sich die politischen und gesellschaftlichen Bedingungen veränderten, in denen sie lebten, etwa die autoritären Regierungssysteme oder die Beschränkung der Bildung, die Reichen und Adligen vorbehalten blieb. Er hält den Gegnern von Wandel entgegen, dass Veränderungen nicht immer automatisch gut sind, aber die einzige Chance auf ein besseres Leben.

Schriftstellerleben

Honoré de Balzac ist einer der einflussreichsten Autoren der französischen Literatur. Sein Werk umfasst beinahe 100 Bücher. Was half ihm, dieses Arbeitspensum durchzuhalten – und war gleichzeitig für seinen **Tod** verantwortlich?

a) Er schlief pro Nacht nur vier Stunden

b) Er trank etwa fünfzig Tassen Kaffee am Tag

c) Er verbrachte ungefähr achtzehn Stunden pro Tag am Schreibtisch

Neunzig Bücher in einem kurzen Leben

Antwort: b) Das Hauptwerk von Balzac (1799 bis 1850) ist die *Menschliche Komödie*, die ungefähr 90 Bücher umfasst. Sie alle haben mit dem Leben Pariser Bürger aus verschiedenen Milieus im 19. Jahrhundert zu tun. Balzac wollte darin die Menschen und Gesellschaft seiner Zeit verewigen und zugleich analysieren. Einen klassischen roten Faden gibt es nicht, doch tauchen Figuren oder Elemente in mehreren Büchern auf und stellen so eine Verbindung her. Um dieses Arbeitspensum zu bewältigen, soll Balzac um die fünfzig Tassen Kaffee am Tag getrunken haben. Von Koffein und Überarbeitung schwer gezeichnet, starb Balzac mit nur 51 Jahren und konnte seine *Menschliche Komödie* nicht vollenden.

Orte und Figuren

In welcher Stadt lebten die **Buddenbrooks**?

a) München

b) Lübeck

c) Kilchberg bei Zürich

Thomas Manns beleidigte Geburtsstadt

Antwort: b) Als Thomas Mann 1929 den Nobelpreis für Literatur zugesprochen bekam, verdankte er den Preis vor allem seinem ersten Roman *Buddenbrooks*. Er reagierte darauf enttäuscht, hatte er doch erst 1924 seinen monumentalen Roman *Der Zauberberg* veröffentlicht, von dem er mehr hielt als von seinem Jugendwerk.

Buddenbrooks erzählt vom Niedergang einer wohlhabenden Kaufmannsfamilie, wobei sich der Autor von der eigenen Familiengeschichte inspirieren ließ. Seit 1894 lebte er in München, doch als Schauplatz des Geschehens ist seine Geburtsstadt Lübeck leicht zu erkennen, auch wenn der Name der Stadt im Roman nie erwähnt wird. Die Lübecker reagierten auf *Buddenbrooks* pikiert. Sie lasen das Buch als Schlüsselroman und fühlten sich beleidigt. Sie waren über ihre Darstellung so verärgert, dass die rechte Fraktion der Stadtregierung sogar noch 1955 geschlossen den Saal verließ, als über die Verleihung der Ehrenbürgerschaft an Thomas Mann abgestimmt werden sollte.

Zitate

Aus welchem Gedicht stammt der berühmte Vers:
»Schwarze Milch der Frühe wir trinken sie abends«?

a) »Der Panther« von Rainer Maria Rilke

b) »Die Todesfuge« von Paul Celan

c) »Prometheus« von Johann Wolfgang von Goethe

Das Grauen und die Pervertierung aller Werte

Antwort: b) Sowohl Rilke als auch Goethe zählen zu den größten Dichtern deutscher Sprache, doch keiner von beiden war so experimentell wie Paul Celan (1920 bis 1970). Celan wuchs in Rumänien auf. Er verlor seine Eltern, nachdem die Nazis das Gebiet erobert hatten und die jüdische Bevölkerung zur Deportation zwangen, meist in Konzentrationslager. Celan selbst kam in ein Arbeitslager und überlebte den Zweiten Weltkrieg. Er begann 1944 oder 1945 sein berühmtes Gedicht *Die Todesfuge* zu verfassen. In seinem Aufbau ähnelt es einer musikalischen Fuge, mit unterschiedlichen Stimmen und Themen. Anfangs noch missverstanden, gilt *Die Todesfuge* heute als eine der bedeutendsten künstlerischen Aufarbeitungen der Gräuel des Nazi-Regimes. Die »schwarze Milch« ist ein Oxymoron, also eine Formulierung, die aus zwei sich widersprechenden Begriffen besteht. Celan drückt mit diesem Satz das Grauen und die Pervertierung aller Werte aus, die in Konzentrationslagern täglich vorkamen. Diese Lager standen im Widerspruch zu allem, was ein zivilisierter Mensch für gut und möglich halten kann. Und doch waren sie Realität. »Das ist kein Oxymoron mehr«, meinte Celan, als er 1960 den Büchnerpreis erhielt, »das ist die Wirklichkeit«.

Doch auch mit dem Schreiben schaffte er es nicht, seine Erinnerungen zu verarbeiten. Am 1. Mai 1970 barg man Celans Leiche aus der Seine außerhalb von Paris. Der Dichter hatte sich einige Tage zuvor in den Fluss gestürzt.

Ingeborg Bachmann fühlte sich nach der Trennung vom Schweizer Autor Max Frisch wie vernichtet. Für Bachmann kam belastend hinzu, dass Frisch eine Romanfigur, **Lila**, nach ihr konstruiert hatte. In welchem Roman kommt Lila vor?

a) »Mein Name sei Gantenbein«

b) »Stiller«

c) »Homo Faber«

Eine hässliche Trennung

Antwort: a) Ingeborg Bachmann (1926 bis 1973) lernte Max Frisch 1958 kennen. Trotz des Altersunterschieds – Frisch war 15 Jahre älter – entwickelte sich bald eine Beziehung und Bachmann zog mit Frisch zunächst nach Zürich, dann nach Rom. Beide waren zu dieser Zeit bereits für ihre literarischen Werke berühmt und vielfach prämiert worden. Daher wurde ihre Trennung vier Jahre später medial zum Thema. Grund der Trennung war wohl die Bekanntschaft Frischs mit der Studentin Marianne Oellers, die 28 Jahre jünger war als der Schweizer Autor.

Frisch wollte die Trennung mit Bachmann so nüchtern wie möglich abwickeln, was aber nicht gelang. Soweit man dies von außen beurteilen kann, scheint Frischs Verhalten Ingeborg Bachmanns psychische Verfassung nachhaltig beschädigt zu haben. Der Trennungsschmerz wurde durch seine literarische Dimension noch unerträglicher, denn das Selbstwertgefühl der berühmten Lyrikerin war nicht nur durch die jüngere Konkurrentin verletzt worden, sondern auch dadurch, dass Max Frisch Ingeborg Bachmann relativ unverblümt in der Protagonistin Lila seines Romans *Mein Name sei Gantenbein* porträtierte. Dass Frisch ihr Verhältnis sofort nach der Trennung in einem Bestseller verarbeitet hatte, war für Bachmann ein so ungeheurer Vertrauensbruch, dass sie sich so weit wie möglich aus dem Literaturbetrieb zurückzog.

Orte und Figuren

Welche Komödie **Shakespeares** spielt in Wien?

a) »Ende gut, alles gut«

b) »Romeo und Julia«

c) »Maß für Maß«

Der steigt durch Schuld, der muss durch Tugend fallen

Antwort: c) Shakespeares Tragödie *Hamlet* aus dem Jahr 1602 spielt auf Schloss Kronborg in der dänischen Stadt Helsingör. Claudius ermordet seinen Bruder, den König, reißt die Krone an sich und heiratet dessen Frau. Prinz Hamlet will seinen ermordeten Vater rächen, was im Unglück aller endet. *Hamlet* gilt als eines der größten literarischen Werke aller Zeiten.

Die Komödie *Ende gut, alles gut* entstand zwischen 1601 und 1603. Das Stück spielt vor allem im französischen Roussillon und dreht sich um Helena, die alles versucht, um Graf Bertram zu ihrem Mann zu machen.

In Wien dagegen spielt Shakespeares Problemstück *Maß für Maß*, in einem ersten Druck noch als Komödie bezeichnet. Die Hauptthemen des Dramas sind Gerechtigkeit, Macht, Gnade und Moral. Das Gegensatzpaar von Korruption und Reinheit bringt Shakespeare im berühmten Vers »Der steigt durch Schuld, der muss durch Tugend fallen« auf den Punkt. Shakespeare will damit ausdrücken, dass ein Mensch, der durch Ungerechtigkeiten an die Macht gekommen ist, durch Ehrlichkeit und Tugend letztlich seine gerechte Strafe erhalten wird.

Zahlen, Rekorde, Preise

Was ist der höchstdotierte **Literaturpreis** der Welt?

a) Der Literaturnobelpreis

b) Der Million's Poet Prize

c) Der Man Booker Prize

1,2 Millionen Euro für ein Gedicht

Antwort: b) Mit 5 Millionen Dirham (das sind etwa 1,2 Millionen Euro) ist der Million's Poet Prize aus den Vereinigten Arabischen Emiraten der höchstdotierte Literaturpreis der Welt. Doch der Preis ist auch in anderer Hinsicht besonders: Seine Vergabe findet in Form einer Reality-TV-Show statt. Seit 1993 treten jährlich arabische Poeten und Poetinnen in mehreren Runden gegeneinander an. Aufgrund des hohen Stellenwerts, den die Lyrik in der arabischen Geschichte genießt, ist die Sendung einer der erfolgreichsten in der gesamten arabischen Welt. Doch der Wettkampf ist auch Ort der Kritik an politischen oder gesellschaftlichen Umständen. So war mit der Saudi-Araberin Hissa Hilal 2014 zum ersten Mal eine Frau im Finale des Wettbewerbs, wo sie mit einem gesellschaftskritischen Gedicht auf sich aufmerksam machte.

Im Gegensatz dazu vergibt das schwedische Nobelkomitee seit 1901 jährlich den Literaturnobelpreis an das Gesamtwerk eines Autors oder einer Autorin, der Preis ist mit 760.000 Euro dotiert. Der Man Booker Prize zeichnet seit 1969 das beste englischsprachige Werk innerhalb des Vereinigten Königreiches aus und bringt dem Sieger oder der Siegerin umgerechnet etwa 57.000 Euro.

Klassiker

Lou Reed schrieb für »The Velvet Underground« 1967 den Song »**Venus in Furs**«. Das Lied bezieht sich auf eine Novelle welches österreichischen Schriftstellers?

a) Robert Musil

b) Arthur Schnitzler

c) Leopold von Sacher-Masoch

Verbotene Seiten

Antwort: c) Venus in Furs ist die Übersetzung von *Venus im Pelz*, Titel einer Novelle von Leopold von Sacher-Masoch (1836 bis 1895) aus dem Jahr 1870. Das Buch handelt von der fatalen Beziehung zwischen Wanda und Gregor. Wanda erfüllt dabei die Phantasie einer schönen Frau, die ihren Sklaven despotisch unterwirft, ihn physisch und psychisch bis an seine Grenzen quält. Trotz seines Leidens bleibt Gregor in seinen masochistischen Phantasien gefangen. Das Buch war Jahrzehnte lang verboten, obwohl sich keine sexuellen Beschreibungen und auch kaum Nacktheit darin finden. Der Grund für die Zensur: die detaillierte Darstellung der Lust am Auspeitschen und an der Unterwerfung. Der deutsch-österreichische Psychiater und Neurologe Richard von Krafft-Ebing führte den Begriff »masochistisch« in die Psychologie ein und leitete ihn von Leopold von Sacher-Masochs Nachnamen ab.

Der Text des Songs *Venus in Furs* bezieht sich auf die Sado-Maso-Szene. Stilistisch gehört das Lied wohl zu den ausgefallensten der Rockmusik. Lou Reed stimmte alle Saiten seiner Gitarre gleich, sein Bandkollege John Cale begleitet ihn auf der E-Bratsche. So wie Sacher-Masoch hunderte Jahre vor ihm erweiterte auch Lou Reed mit diesem Song die Regeln der Kunst.

Schriftstellerleben

Der Schriftsteller **James Ellroy** (*1948) ist einer der erfolgreichsten Krimiautoren der Gegenwart. Seinen literarischen Durchbruch feierte er mit einem Buch über einen **spektakulären Mordfall**, der sich 1947 in Amerika ereignet hat. Fall und Buch sind nach einer Blume benannt – nach welcher?

a) Die schwarze Rose

b) Die schwarze Dahlie

c) Die schwarze Tulpe

Menschliche Abgründe

Antwort: b) Der Tod der jungen Elisabeth Short erschütterte 1947 ganz Amerika. Short, die als Schauspielerin in Los Angeles durchstarten wollte, wurde auf grausame Weise ermordet. Aufgrund ihrer schwarzen Kleidung nannten die Medien Short auch »die schwarze Dahlie«. Der Fall ist bis heute ungelöst. James Ellroy nahm sich vierzig Jahre später der Tat an, forschte lange und schrieb mit *Die schwarze Dahlie* 1987 seinen ersten großen Bestseller. Seine gut recherchierten Plots, eine knappe und klare Sprache und zynische Charaktere haben sich zu seinen Markenzeichen entwickelt. Ellroy schreibt über menschliche Abgründe, die er selbst erlebt hat. Als Ellroy zehn Jahre alt war, wurde seine Mutter getötet. Auch ihr Mörder wurde nie gefunden. Die nächsten fünfzehn Jahre in Ellroys Leben waren geprägt von Alkohol, Drogen, Einbrüchen und anderen kriminellen Taten.

1975 starb er fast an einem Lungenabszess. Durch die Krankheit änderte er sein Leben. Er begann, als Golfcaddy zu arbeiten und schrieb nebenbei Romane. Zehn Jahre später feierte er mit *Die schwarze Dahlie* seinen ersten großen Erfolg. 2006 kam die gleichnamige Verfilmung des Romans in die Kinos. In den Hauptrollen: Josh Hartnett und Scarlett Johansson. Ein anderes berühmtes Buch von Ellroy ist *L.A. Confidential*. Der Roman wurde 1997 ebenfalls verfilmt, mit Kevin Spacey, Russell Crowe und Kim Basinger. Heute ist James Ellroy einer der erfolgreichsten und einflussreichsten Krimiautoren Amerikas.

Orte und Figuren

Mit »**Game of Thrones**« basiert eine der erfolgreichsten Fernsehserien aller Zeiten auf einer Buchreihe. Wie heißt der **Kontinent**, auf dem der Kampf um den eisernen Thron stattfindet?

a) Essos

b) Mittelerde

c) Westeros

Ein weltweites Phänomen

Antwort: c) 1996 veröffentlichte George R.R. Martin (*1948) den ersten Teil seiner Buchreihe *Ein Lied von Eis und Feuer*. Darin wird der fiktive Kontinent »Westeros« erwähnt, auf dem unterschiedliche Charaktere um insgesamt sieben Königreiche kämpfen. 2006, als bereits vier Bücher der Saga erschienen waren, kamen die TV-Produzenten Benioff und Weiss auf den Autor zu. Ihre Idee: Eine Fantasy-Fernsehserie daraus zu machen. Martin stellte ihnen bei ihrem ersten Treffen die Frage: »Wer ist Jon Snows Mutter?« (Eine wichtige Frage sowohl innerhalb der Bücher als auch der Fernsehserie.) Als die beiden Produzenten Martin mit ihrer Antwort zufriedenstellen konnten, stimmte er einer Verfilmung zu. Die erste Staffel erschien 2011, inzwischen gibt es acht und *Game of Thrones* hat sich zu einem weltweiten Phänomen entwickelt. Das Ende der Serie – in dem auch das Rätsel um Jon Snows Mutter aufgelöst wird – enttäuschte viele Fans. Umso gespannter warten sie auf die letzten Bände von Martin, an denen er noch immer schreibt. Mittlerweile benötigt er für seine über tausend Seiten starken Werke mehrere Jahre.

Zahlen, Rekorde, Preise

Der parodistische Reisebericht »**Wahre Geschichten**« von **Lukian von Samosata** gilt als **erstes Science-Fiction-Werk**. Darin geht es unter anderem um eine Reise durch den Weltraum, den Krieg zwischen Mond- und Sonnenbewohnern und als »Aliens« treten menschliche Pilze auf. Wann schrieb Lukian das Buch?

a) vor 1.900 Jahren

b) vor 600 Jahren

c) vor 300 Jahren

Mondlandung kurz nach Christi Geburt

Antwort: a) Fast zweitausend Jahre, bevor der erste Mensch seinen Fuß auf den Mond setzte, schrieb Lukian von Samosata (2. Jhdt. n. Chr.) die *Wahren Geschichten*.

Er entwarf sie als Satire auf Reiseberichte und Geschichtswerke, die zu Lukians Zeiten oft fantastische und unrealistische Erzählungen als echt verkauften. Der Bericht erzählt von einer Reise, die Lukian zusammen mit einigen Gefährten unternimmt, und die ihn bis zum Mond führt. Dort kämpft der König des Mondes gegen den König der Sonne um den Morgenstern. Ihre Armeen sind bevölkert von seltsamen Kreaturen. Damit hat das Buch alles, was Science-Fiction braucht: außerirdische Lebensformen, interplanetare Konflikte und interstellare Reisen.

Die anderen Werke Lukians sind genauso einfallsreich. So schrieb er einen Text, in dem der griechische Buchstabe Sigma den Buchstaben Tau verklagt, da dessen Form einem T ähnelt. Das T erinnert an ein Kreuz, das die Römer zu Lukians Zeiten benutzten, um Ketzer oder Verbrecher zu kreuzigen. Auch eine Lobrede auf die Fliegen zählt zu dem Werk des produktiven Autors.

Lukians Fantasie beeinflusste viele europäische Autoren, etwa Erasmus von Rotterdam oder Goethe, der in seinem Zauberlehrling auf ihn Bezug nimmt. Heute ist ein Mondkrater nach dem Dichter benannt.

Klassiker

Im Science-Fiction-Klassiker »**Per Anhalter durch die Galaxis**« von **Douglas Adams** geht es um die große Frage nach »dem Leben, dem Universum und dem ganzen Rest«. Welche Antwort gibt der Autor in seinem Buch?

a) Die Antwort ist die Zahl 42

b) Die Antwort muss jeder Mensch für sich selbst finden

c) Die Antwort besteht aus einer Tasse schwarzem Kaffee mit zwei Stück Zucker

Was war nochmal die Frage?

Antwort: a) Douglas Adams (1952 bis 2001) reiste in seiner Jugend quer durch Europa. Eines Nachts lag er betrunken in einem Feld nahe der österreichischen Stadt Innsbruck, betrachtete den Sternenhimmel und hatte die Idee für seinen Roman *Per Anhalter durch die Galaxis*. Adams entwickelte eine fünfteilige Serie, die zunächst als Hörbuch für die BBC produziert wurde. *Per Anhalter durch die Galaxis* ist der erste und berühmteste Teil der Reihe. Darin geht es um den unbeholfenen Arthur Dent, der sich kurz vor der Zerstörung der Erde auf ein Raumschiff retten kann. Eine Reise durch den Weltraum beginnt. Während er unterwegs ist, erfährt Arthur, dass eine außerirdische Zivilisation einen Supercomputer namens Deep Thought geschaffen hat. Dieser soll die große Frage nach dem Sinn des Lebens beantworten. Nach siebeneinhalb Millionen Jahren Rechenzeit wirft der Computer das Ergebnis aus: die Zahl 42. Das Problem ist nur, dass sich niemand mehr an den genauen Wortlaut der Frage erinnern kann. Genau solche einfallsreichen, lustigen und sehr intelligenten Ideen zeichnen die Geschichten von Douglas Adams aus. Mit seinen Romanen avancierte er zu einem der einflussreichsten Science-Fiction-Autoren des 20. Jahrhunderts.

Das Buch wurde 2003 mit Martin Freeman und Mos Def verfilmt. Sogar die Suchmaschine Google sprang auf den Science-Fiction-Hype auf: Wer in das Suchfeld »die Antwort auf das Leben, das Universum und den ganzen Rest« (»the answer to life, the universe and everything«) eingibt, bekommt die Zahl 42 angezeigt.

Schriftstellerleben

Fjodor Michailowitsch Dostojewski (1821 bis 1881) ist heute einer der größten Autoren der russischen Geschichte. Den Großteil seines Lebens hatte er **finanzielle Probleme**, die zum Teil zurückzuführen waren auf …

a) Alkoholismus

b) Spielsucht

c) Ausbleibende Buchverkäufe

Spiel, Schuld und Sühne

Antwort: b) 1866 hatte Dostojewski mehrere tausend Rubel Schulden. Zur Tilgung dieser legte er den Roman, den er gerade schrieb, beiseite und verfasst eine kurze Novelle, die seinen Verleger zufriedenstellen sollte. Die Novelle trägt den Titel *Der Spieler* und erzählt von der Liebesgeschichte zwischen dem jungen Russen Aleksey und Polina, die von Alekseys Spielsucht letztlich verhindert wird. Dostojewski teilte nicht nur die Geldsorgen seines Protagonisten, auch dessen Spielsucht war dem Autor wohl bekannt. Obwohl er die Novelle in kürzester Zeit schreiben musste, hatte die Arbeit auch ihr Gutes: Um das Manuskript so schnell wie möglich zu vollenden, beauftragte Dostojewski eine junge Stenotypistin, Anna Snitkina, der er seine Geschichte diktierte. Diese Arbeit dauerte zwar nur 26 Tage, doch am Ende hatten sich die beiden ineinander verliebt und heirateten. Kurz nach der Vollendung des *Spielers* nahm sich Dostojewski wieder des Romans an, den er beiseitegelegt hatte. Daraus entwickelte sich *Schuld und Sühne*, sein wohl berühmtestes Werk.

Von seiner Spielsucht kam Dostojewski nie wirklich los. Erst als in Deutschland 1871 das Glücksspiel verboten und alle Casinos geschlossen wurden – in Russland gab es ohnehin keine – hatte Dostojewski keine Gelegenheit mehr, ihr nachzugeben.

Zitate

Wessen letzten Worte waren wenige Wochen
vor Ausbruch des Ersten Weltkriegs:
»Die Waffen nieder! – sag's vielen – vielen.«

a) Winston Churchill

b) Bertha von Suttner

c) Alfred Nobel

Eine ungehörte Prophetin

Antwort: b) Die österreichische Schriftstellerin und Friedensaktivistin Bertha von Suttner (1843 bis 1914) sah eine Tragödie auf die Menschheit zukommen. Doch ihre Appelle verhallten ungehört und die Gesellschaft unterstützte das Militär weiterhin euphorisch. Pazifisten galten als unmännliche Vaterlandsverräter und Nestbeschmutzer. Bertha von Suttner setzte sich jedoch weiterhin unermüdlich für den Frieden ein, etwa mit ihrem Roman *Die Waffen nieder!* (1889). Für ihr Anliegen wählte sie die Romanform statt eines Sachbuchs, da sie glaubte, so ein breiteres Publikum erreichen zu können. Ihre Taktik ging auf. *Die Waffen nieder!* entwickelte sich innerhalb kurzer Zeit zu einem internationalen Bestseller. Bis in die Zwischenkriegszeit war es das wichtigste Werk der Antikriegsliteratur, wohl auch, weil der Roman neben Krieg und Frieden auch die Rolle der Frau in der Gesellschaft thematisierte. 1905 erhielt Bertha von Suttner als erste Frau den Friedensnobelpreis.

1914 erlag Bertha von Suttner in Wien einem Krebsleiden. Auf ihrem Sterbebett sagte sie einem ihrer engsten Freunde, dem Schriftsteller und Pazifisten Alfred Fried: »Die Waffen nieder! Sag's vielen – vielen.« Vermutlich richteten sich diese Worte an den Weltfriedenskongress, der im Herbst in Wien stattfinden sollte und von dem sich Suttner wohl eine friedliche Lösung für die angespannte Lage in Europa erhoffte. Doch dazu sollte es nicht mehr kommen – nur wenige Wochen nach Suttners Tod brach der Erste Weltkrieg aus und der Weltfriedenskongress fand nicht statt.

Aus der Welt der Literatur

Was ist das zentrale **Symbol** der deutschen Romantik?

a) Der Blaue Reiter

b) Die Blaue Blume

c) Das Blaue Band

Ein Bild für Sehnsucht und Liebe

Antwort: b) Der Blaue Reiter war eine Künstlergruppe von Malern des deutschen Expressionismus, die sich zu Beginn des 19. Jahrhunderts um Wassily Kandinsky und Franz Marc gründete.

Das Blaue Band hat mit Literatur nichts zu tun. Es handelt sich dabei um eine Ehrung, die das schnellste Passagierschiff auf der Route Europa – New York erhalten hat. Da heute der Personenverkehr zwischen Europa und Amerika fast nur noch über Flugzeuge erfolgt, wird das Blaue Band nicht mehr vergeben.

Die Blaue Blume ist das zentrale Symbol der Romantik. Sie steht für Sehnsucht und Liebe und für das Streben nach dem Unendlichen. Später galt die Blaue Blume als Sinnbild der Sehnsucht nach der Ferne und als Symbol der Wanderschaft. Der deutsche Romantiker Novalis verwendete das Symbol der blauen Blume erstmals in seinem Romanfragment *Heinrich von Ofterdingen*:

»Was ihn aber mit voller Macht anzog, war eine hohe lichtblaue Blume, die […] ihn mit ihren breiten, glänzenden Blättern berührte. Rund um sie her standen unzählige Blumen von allen Farben, und der köstliche Geruch erfüllte die Luft. Er sah nichts als die blaue Blume, und betrachtete sie lange mit unnennbarer Zärtlichkeit.«

Klassiker

Das Internetportal »**Yahoo**« benannte sich nach primitiven, menschenähnlichen Gestalten aus einem **Klassiker** der Literatur. Woher stammt der Begriff?

a) Aus William Shakespeares »Der Sturm«

b) Aus Jonathan Swifts »Gullivers Reisen«

c) Aus François Rabelais' »Gargantua und Pantagruel«

Wenn Pferde herrschen

Antwort: b) Laut der Unternehmenswebsite von Yahoo ist der Name ein Akronym für »Yet Another Hierarchical Officious Oracle«. Die Inspiration für den Namen stellen allerdings die primitiven, menschenähnlichen Yahoos in Jonathan Swifts (1667 bis 1745) satirischem Roman *Gullivers Reisen* dar.

Swift schreibt in *Gullivers Reisen* (1726) in Form eines Abenteuer-Reiseromans verbittert über zeitgenössische Missstände. Aber erst mit einer zweiteiligen Kinder- und Jugendbuchausgabe erlangte er weltweit Bekanntheit. In dieser entdeckte Gulliver zunächst Liliput, das Land der Zwerge, und dann Brobdingnag, das Land der Riesen. Was in dem Buch allerdings fehlte, waren die sozialkritischen und satirischen Elemente, die in der Fassung für Erwachsene enthalten waren. Was außerdem nur in der Original-, nicht aber in der Kinderversion vorkommt: die Reise in das Land der Houyhnhnms. Dort herrschen Pferde über primitive, hässliche Kreaturen, die »Yahoos«. Zu seinem Entsetzen muss Gulliver feststellen, dass die »Yahoos« menschliche Gestalten sind, und er selbst demnach auch zu ihnen zählt.

Schriftstellerleben

Welcher Autor musste schon **als Kind** für den **Unterhalt** seiner Familie sorgen?

a) Thomas Mann

b) Charles Dickens

c) Ernest Hemingway

Etiketten kleben für die Familie

Antwort: b) Charles Dickens kam am 7. Februar 1812 in Landport bei Portsmouth (Hampshire) als achtes Kind eines Mannes zur Welt, der gerne über seine Verhältnisse lebte. 1824, als Charles zwölf Jahre alt war, musste sein Vater John in ein so genanntes Schuldgefängnis. Das war eine Haftanstalt für all jene, die ihren Zahlungsverpflichtungen nicht nachkommen konnten. Wie damals üblich, zogen Charles' Mutter und seine sieben Geschwister zusammen mit dem Vater in das Gefängnis. Nur Charles Dickens blieb in Freiheit, um den Unterhalt für die Familie zu verdienen.

25 Jahre später verarbeitete er seine Vergangenheit im Roman *David Copperfield*. Der Protagonist David muss – wie Dickens in seiner Kindheit – Etiketten auf Flaschen kleben und arbeitet später als Anwaltsgehilfe und Reporter. Schließlich schreibt er einen Bestseller. Auch satirische Anspielungen auf seinen leichtlebigen Vater lassen sich in Dickens' Roman finden.

2015 wählten 82 internationale Literaturkritiker und -wissenschaftler vier Bücher von Dickens zu den bedeutendsten britischen Romanen überhaupt: *David Copperfield, Bleak House, Große Erwartungen* und *Dombey und Sohn*. Publikumslieblinge waren auch seine Werke *Oliver Twist* und *A Christmas Carol*. Charles Dickens starb 1870.

Orte und Figuren

Psychologen sprechen vom »**Wendy-Syndrom**«, wenn jemand die komplette Verantwortung und sämtliche Aufgaben in einer Beziehung übernimmt. Aus welchem literarischen Werk stammt die Figur »Wendy«?

a) »Ulysses« von James Joyce

b) »Krieg und Frieden« von Leo Tolstoi

c) »Peter Pan« von James M. Barrie

Wenn Männer nicht erwachsen werden wollen

Antwort: c) Peter Pan ist die Hauptfigur einiger Kindergeschichten von James Matthew Barrie (1860 bis 1937). Der Protagonist lebt auf der fiktiven Insel »Nimmerland« und will niemals erwachsen werden. Zusammen mit seinen »verlorenen Jungs« muss er immer wieder gegen Captain Hook, Anführer der Piraten, bestehen. Zum ersten Mal taucht Peter Pan 1902 in dem ursprünglich für Erwachsene geschriebenen Buch *The Little White Bird* auf. Peter bittet das Mädchen Wendy, ihn nach Nimmerland zu begleiten, da er und seine Jungs sich nach einer Mutter sehnen. Sie stimmt zu, nimmt aber ihre Brüder mit. Gemeinsam leben sie in einem unterirdischen Haus. Wendy übernimmt die Mutterrolle, kocht, wäscht und unterrichtet sogar die Kinder. Das »Wendy-Syndrom« tritt häufig bei Frauen auf. Oft auch in Kombination mit dem »Peter Pan-Syndrom«, wenn sie mit Männern zusammenleben, die nicht erwachsen werden wollen.

Zahlen, Rekorde, Preise

113-mal hat das Nobelkomitee den **Nobelpreis für Literatur** seit 1901 vergeben. Wie oft davon an eine **Frau**?

a) 39-mal

b) 14-mal

c) 6-mal

Von Selma Lagerlöf bis Swetlana Alexijewitsch

Antwort: b) Insgesamt 113-mal hat die schwedische Akademie den Nobelpreis für Literatur zwischen 1901 und 2017 vergeben, 99-mal an einen Mann (87,6 Prozent) und 14-mal an eine Frau (12,4 Prozent). Viermal erhielten zwei Personen den Preis im gleichen Jahr, weil sich die Jury nicht einigen konnte. Siebenmal kam es nicht zu einer Preisverleihung, zuletzt 2018.

Hier die Liste der Literaturnobelpreisträgerinnen:

1909: Selma Lagerlöf (1858 bis 1940)
1926: Grazia Deledda (1871 bis 1936)
1928: Sigrid Undset (1882 bis 1949)
1938: Pearl S. Buck (1892 bis 1973)
1945: Gabriela Mistral (1889 bis 1957)
1966: Nelly Sachs (1891 bis 1970)
1991: Nadine Gordimer (1923 bis 2014)
1993: Toni Morrison (1931 bis 2019)
1996: Wisława Szymborska (1923 bis 2012)
2004: Elfriede Jelinek (* 1946)
2007: Doris Lessing (1919 bis 2013)
2009: Herta Müller (* 1953)
2013: Alice Munro (* 1931)
2015: Swetlana Alexijewitsch (* 1948)

Klassiker

Welcher **dystopische Roman** beschreibt eine Gesellschaft, in der **alle Bücher verbrannt** werden?

a) George Orwells »1984«

b) Aldous Huxleys »Schöne neue Welt«

c) Ray Bradburys »Fahrenheit 451«

Die Abschaffung des selbständigen Denkens

Antwort: c) Als Ray Bradbury (1920 bis 2012) im Jahr 1950 an der ersten Fassung seines Romans arbeitete, saß er im Keller der Bibliothek der University of California von Los Angeles. Dort gab es eine Münzschreibmaschine, in die er jede halbe Stunde ein 10-Cent-Stück stecken musste, um schreiben zu können. 9,80 Dollar später war das Manuskript fertig, das 1953 unter dem Titel *Fahrenheit 451* veröffentlicht wurde.

Die Geschichte spielt in einem Staat, in dem die Gesellschaft das politische System nicht mehr in Frage stellt. Das erreichen die Machthaber durch Drogen und Videowände, die keine Langeweile aufkommen lassen. Selbstständiges Denken gilt als gefährlich, weshalb auch Bücher als Feindbild hochstilisiert und von »Feuerwehrmännern« verbrannt werden. Der Titel bezieht sich auf die Selbstentzündungstemperatur von Papier bei 451 Grad Fahrenheit (233°C).

Schriftstellerleben

William S. Burroughs war ein Hauptvertreter der **Beat-Generation**. In seinen Werken verarbeitete er auf drastische Weise seine Drogensucht und seine Homosexualität. Noch dazu war sein Leben von Skandalen geprägt. Welcher gehört NICHT dazu?

a) Er erschoss versehentlich seine Frau

b) In den 50er Jahren bereiste er Südamerika auf der Suche nach einer »Superdroge«

c) Er schnitt sich den Daumen ab, um einen seiner Liebhaber zu beeindrucken

Literarische Spuren eines wilden Lebens

Antwort: c) William Burroughs (1914 bis 1997) war ein Grenzgänger und geriet oft mit dem Gesetz in Konflikt. Bereits während des Studiums wurde er drogensüchtig. 1951 erschoss Burroughs in Mexiko – wohl versehentlich – seine Frau, Joan Vollmer Adams. Die beiden stellten betrunken die berühmte Szene aus Schillers *Wilhelm Tell* nach, in der der Protagonist mit Pfeil und Bogen seinem Sohn einen Apfel vom Kopf schießt. Danach reiste Burroughs nach Südamerika, um eine Substanz zu finden, mit der er seine Opiumsucht lindern und neue spirituelle Erfahrungen machen wollte. Heute ist diese Droge als Ayahuasca bekannt. Verarbeitet hat er viele seiner exzessiven und rauschhaften Erlebnisse in seinem berühmtesten Werk: *Naked Lunch*. Dieses Buch schrieb er in der damals neuartigen Cut-up-Technik. Der fragmentarische Schreibstil macht es möglich, einzelne Kapitel in beliebiger Reihenfolge zu lesen. Dadurch ergibt sich bei jedem Lesen eine neue Handlung. Der Stil war perfekt geeignet, um Burroughs' wildes Leben einzufangen.

1939 trennte sich Burroughs zwar nicht den Daumen, aber die Spitze des kleinen Fingers an seiner linken Hand ab, um einen anderen Mann zu beeindrucken. Später schrieb er darüber die Kurzgeschichte *Der Finger*.

Zahlen, Rekorde, Preise

Was ist das erfolgreichste **deutschsprachige** Buch des 20. Jahrhunderts?

a) »Im Westen nichts Neues« von Erich Maria Remarque

b) »Das Parfum« von Patrick Süskind

c) »Die Blechtrommel« von Günter Grass

Seit 90 Jahren ungeschlagen

Antwort: a) Günter Grass' Nobelpreisroman *Die Blechtrommel* aus dem Jahr 1959 hat schätzungsweise eine Weltauflage von mehr als vier Millionen Exemplaren erreicht. Patrick Süskinds *Das Parfum* erschien 1985 im Zürcher Diogenes Verlag und stand neun Jahre lang auf der Spiegel-Bestsellerliste.

Doch diese Zahlen sind nicht vergleichbar mit dem Roman *Im Westen nichts Neues* von Erich Maria Remarque. Das Erscheinen des Buches am 31. Januar 1929 wurde von einer noch nie dagewesenen Werbekampagne begleitet. Der Roman, der die Schrecken des Ersten Weltkriegs aus der Sicht eines jungen Soldaten schildert, verkaufte bereits im ersten Jahr eine Million Exemplare. Bis heute gibt es Ausgaben in über 50 Sprachen, die geschätzten Verkaufszahlen liegen bei über 20 Millionen. Unter Berücksichtigung der Raubdrucke des Romans ergeben Schätzungen, dass sich das Buch alleine in der Sowjetunion 15 Millionen Mal verkauft hat. Die Weltauflage des Romans dürfte also über 40 Millionen Exemplare betragen.

Aus der Welt der Literatur

Der **Roman** ist heute die beliebteste **Gattung** der Literatur.
Doch woher kommt eigentlich das Wort Roman?

a) Aus der Epoche der Romantik

b) Von dem Wort »romanisch«, das
die romanischen Sprachen bezeichnet

c) Von dem Begriff »Romanze«
für eine Liebesbeziehung

Literatur für das Volk

Antwort: b) Ab dem 12. Jahrhundert taucht das altfranzösische Wort »romanz« immer häufiger auf. Es bezeichnet Geschichten über Helden, die heute so gut wie jeder kennt: Parzival auf seiner Suche nach dem Heiligen Gral oder König Artus und die Tafelrunde. Neben den Themen Ritterehre, Treue und Minne (ritterliches Verhalten gegenüber Damen) sind all diese Texte in einer romanischen Sprache verfasst.

Jahrhunderte lang konnte literarische Texte nur lesen, wer Latein oder Altgriechisch beherrschte. Somit war die einfache Bevölkerung von Literatur ausgeschlossen. Die Romantiker wollten das ändern. Sie entwickelten die Idee, dass Literatur für jede und jeden zugänglich sein sollte. Daher schrieben die Romantiker nicht nur in den Volkssprachen, sondern übersetzen auch viele Werke, um sie ihren Landsleuten näherzubringen. In dieser Zeit entstand auch die Gattung des Romans, der in der Tradition romanischer Erzählungen steht. Besonders am Roman ist, dass einfache Menschen im Mittelpunkt stehen.

Klassiker

Er schrieb den bis heute meistgelesenen Roman eines **afrikanischen Schriftstellers**. Das Buch überzeugte Europa endlich davon, dass großartige Literatur in allen Ländern und Kulturen zu finden ist. Wer ist gesucht?

a) Chinua Achebe (Nigeria)

b) Wole Soyinka (Nigeria)

c) Dambudzo Marechera (Simbabwe)

Alles zerfällt

Antwort: a) Als Chinua Achebe (1930 bis 2013) 1957 die einzige Kopie seines handgeschriebenen Manuskripts an einen Verlag in London schickte, dürfte er sich keine großen Hoffnungen gemacht haben. Das Erstlingswerk eines unbekannten Nigerianers, der sein Heimatland noch nie verlassen hatte? Der Verlag lehnte das Manuskript ab. Die Begründung: Romane von afrikanischen Autoren hätten kein Marktpotential. Achebe gab jedoch nicht auf und schaffte es, weitere Kopien nach England zu verschicken: unter anderem an den Heinemann-Verlag. Nachdem der Lektor mit dem Manuskript fertig war, sagte er zu seinem Chef: »Das ist das beste Buch, das ich seit dem Zweiten Weltkrieg gelesen habe.« Und tatsächlich entwickelte sich Achebes Buch, *Things Fall Apart* (deutsch *Alles zerfällt*), in den folgenden Jahren zum meistgelesenen Buch eines afrikanischen Autors. Die Verkaufszahlen belaufen sich bis heute auf 20 Millionen Stück in 57 verschiedenen Sprachen. Achebes Roman ist deshalb so wichtig, weil er das Bild eines authentischen Afrikas zeichnete – im Gegensatz zu den europäischen Büchern über Afrika, die von Vorurteilen geprägt waren. In seinem Werk beschreibt er nicht nur einen Vater-Sohn-Konflikt, sondern auch die ersten Versuche der Kolonialisierung und die Einführung des Christentums in Nigeria. 2005 nahm das *TIME-Magazine* Achebes Buch schließlich in die Liste der »besten 100 englischsprachigen Romane von 1923 bis 2005« auf.

Schriftstellerleben

Das Werk »**Schöne neue Welt**« machte **Aldous Huxley** 1932 berühmt. Welches heute gebräuchliche Wort geht auf den Schriftsteller zurück?

a) »Schöne neue Welt« begründete ein neues Genre, dem Huxley einen Namen gab: Dystopie

b) Huxley erfand das Wort Soma, das eine Droge in seinem Werk bezeichnet und auch heute noch verwendet wird

c) Huxley, der selbst mit Drogen experimentierte, bezeichnete als Erster einen von Drogen herbeigeführten Zustand als psychedelisch

Experimente mit Meskalin

Antwort: c) Schöne neue Welt zählt zum Genre der Dystopie, doch das Wort selbst geht nicht auf Huxley zurück. Den Begriff prägte der englische Philosoph John Stuart Mill im 19. Jahrhundert, zu Beginn der Industrialisierung. Er ist altgriechisch und steht für »schlechter Ort«.

Auch den Namen Soma für eine Droge, die in *Schöne neue Welt* eine wichtige Rolle spielt, hat Huxley nicht erfunden. Der Begriff kommt aus der Ringveda, einer altindischen heiligen Schrift. Dort ist es der Rauschtrank der Götter.

Huxley prägte einen anderen Begriff, der nicht in *Schöne neue Welt* vorkommt: psychedelisch. Der Autor war einer der ersten, der im 20. Jahrhundert über seine Erfahrungen mit bewusstseinserweiternden Substanzen wie Meskalin schrieb. Seine Erlebnisse damit bezeichnete er als psychedelisch – ein Wort, das auch heute noch gerne gebraucht wird. Noch auf dem Sterbebett nahm Huxley, der an Kehlkopfkrebs erkrankt war, LSD, um sich Linderung seiner Schmerzen zu verschaffen.

Orte und Figuren

Wenige Autoren sind für die moderne **Fantasy- und Horror-Literatur** so einflussreich wie der umstrittene Amerikaner **H. P. Lovecraft** (1890 bis 1937). Welches Wesen gilt als seine berühmteste Schöpfung?

a) Cthulhu

b) Pennywise

c) Maldoror

Vom Schund zum Kult

Antwort: a) Heute ein Kultautor, musste Lovecraft seine Geschichten zu Lebzeiten stets in sogenannten »Pulp-Magazinen« (deutsch für »Schund«) für Fantasy und Horror veröffentlichen. Dennoch war es sein Anspruch, hochwertige Literatur zu schaffen. Lovecraft hielt die Angst vor dem Unbekannten für den menschlichsten aller Triebe und mit seinen düsteren Geschichten von untergegangenen Städten, satanischen Kulten und gottähnlichen Kreaturen berührte er genau diese Angst in seinen Lesern. Er veränderte das Horror-Genre nachhaltig, indem er es mit einer präzisen Sprache und elegant konstruierten Geschichten verband.

Doch auch Lovecrafts eigenes Leben spiegelt sich in seinen Geschichten: Sein Vater verstarb in einer Nervenheilanstalt, Lovecraft selbst hatte bereits früh mit psychischen Problemen zu kämpfen. Er verfiel zunehmend der Armut und Einsamkeit und entwickelte einen ausgeprägten Antisemitismus und Rassismus. Mit 47 Jahren starb er an Darmkrebs. Besonders einflussreich waren die Monstergestalten, die in seinen Texten als alte Gottheiten auftauchten, so auch Cthulhu. In Lovecrafts Mythen ist Cthulhu ein Wesen aus dem Weltall, das vor hunderten Millionen Jahren auf die Erde kam und seitdem, in einem tiefen Schlaf gefangen, in einer untergegangenen Stadt irgendwo im Pazifischen Ozean ruht. Sein Kopf ähnelt dem eines Tintenfisches, sein Gesicht setzt sich aus vielen Tentakeln zusammen und sein Körper ist aufgedunsen. Lovecraft schreibt über sein Monster: »Es ist nicht tot, was ewig liegt, bis dass die Zeit den Tod besiegt.« Trotz seiner problematischen Persönlichkeit beeinflusste Lovecrafts Schaffen so unterschiedliche Künstler wie Jorge Luis Borges, Stephen King oder den Regisseur Guillermo del Toro.

Klassiker

Der **Marquis de Sade** schrieb den vielleicht **verstörendsten Roman der Weltliteratur**. Die Geschichte, deren Titel sich auf die Dauer der beschriebenen Geschehnisse bezieht, umfasst wie viele Tage?

a) 90

b) 120

c) 200

Grausame Orgien

Antwort: b) Der Marquis de Sade (1740 bis 1814) stammte aus einer alten, aber zu seiner Zeit nicht mehr reichen Adelsfamilie. Der junge Sade sorgte bereits in seinen Zwanzigern regelmäßig für Skandale: Er soll ausschweifende, orgiastische Feste gefeiert und sich der Gotteslästerlichkeit schuldig gemacht haben. 1784 kam er in die berüchtigte Bastille, wo er fast sechs Jahre verbringen musste. Dort schrieb er neben philosophischen und gesellschaftskritischen Werken, für die er zu Lebzeiten vor allem bekannt war, auch die *120 Tage von Sodom*. Da das Werk so anstößig war, schrieb er es heimlich und in winziger Schrift auf eine zwölf Meter lange Rolle. Als er aus der Bastille in ein Irrenhaus kam, musste er die Rolle zurücklassen. Die Schriftrolle der *120 Tage von Sodom* wurde während des Sturms auf die Bastille gefunden und aufbewahrt, doch erst 1904 gedruckt. Die Handlung des Skandalwerkes ist schnell erzählt: Ein Herzog, ein Bischof, ein Richter und ein Steuerpächter ziehen sich für *120 Tage von Sodom* in ein Schloss zurück und geben sich grausamen Orgien hin. Kein Werk hat die Grenzen des guten Geschmacks und der gesellschaftlichen Konventionen so übertreten wie jenes von de Sade – nicht umsonst leitet sich der Begriff »Sadismus« von dem französischen Schriftsteller ab.

Zitate

Welches Buch endet mit dem **Satz**:
»Die Tiere draußen blickten von Schwein zu Mensch und von Mensch zu Schwein, und dann wieder von Schwein zu Mensch; doch es war bereits unmöglich zu sagen, wer was war.«

a) Franz Kafkas »Die Verwandlung«

b) Elwyn Brooks Whites »Wilbur und Charlotte«

c) George Orwells »Farm der Tiere«

Von Unterdrückern und Unterdrückten

Antwort: c) In Franz Kafkas Erzählung *Die Verwandlung* wacht Gregor Samsa bereits im ersten Satz in einen Käfer verwandelt auf. Das Kinderbuch des US-amerikanischen Autors Elwyn Brooks White *Wilbur und Charlotte* erschien im Jahr 1952 und handelt von der Geschichte der Freundschaft zwischen dem Schwein Wilbur und der Spinne Charlotte. George Orwells bitterböse, auch hinreißend komische, vor allem aber tieftraurige Parabel über die Korrumpierbarkeit des Menschen, *Farm der Tiere* (*Animal Farm*), machte ihn zu einem der meistgelesenen britischen Autoren des 20. Jahrhunderts. Orwell war der Ansicht, dass eine soziale Revolution, die Gleichheit und Freiheit für alle bringt, nicht gelingen kann. Denn die Struktur der Macht bleibt gleich – es wird immer Unterdrücker und Unterdrückte geben und Menschen werden stets Gründe und Mittel finden, um andere auszugrenzen.

So passiert es auch in *Farm der Tiere*: Die Schweine steigen am Bauernhof zur herrschenden Klasse auf. Doch sie bringen den anderen Tieren nicht die Freiheit, ganz im Gegenteil. Bald überwachen und bestrafen sie die anderen Tiere genauso wie zuvor der Bauer Jones. Es gilt eine Redewendung, die Orwell in seinem Buch geprägt hat: »Alle Tiere sind gleich, aber manche sind gleicher.« Die Schweine schlafen in weichen Betten und verfallen dem Suff. Am Ende können die anderen Tiere keinen Unterschied mehr ausmachen zwischen Menschen und Schweinen. Sie erkennen: Das Schwein ist auch nur ein Mensch.

Schriftstellerleben

Niemand hat die moderne Horrorliteratur so geprägt wie **Stephen King** (*1947). Welche von diesen Aussagen über den »**king of horror**« stimmt NICHT?

a) Seine Frau fischte eines seiner Manuskripte aus dem Mülleimer – mit dem er später seinen ersten großen Erfolg feierte

b) 1999 verlor er bei einem Wanderunfall beinahe beide Beine

c) Vor seinem Durchbruch arbeitete er als Bügler in einer Wäscherei

Ein Lehrer, an den seine Frau glaubte

Antwort: b) King studierte zunächst Englisch und arbeitete als Lehrer in einer kleinen Stadt in Maine, im Nordosten der USA. Sein Gehalt reichte jedoch kaum, um seine Familie zu versorgen, weswegen er nachts zusätzlich als Bügler in einer Wäscherei arbeitete. Den letzten Rest Freizeit nutzte er, um an seinen Geschichten zu arbeiten. Eines Tages fand seine Frau die ersten Seiten eines neuen Textes im Mülleimer – und überzeugte King, weiterzuschreiben. Aus diesem Manuskript entstand der Roman *Carrie*, die Geschichte eines jungen Mädchens, das mit pubertären Problemen und Mobbing in der Schule zu kämpfen hat und währenddessen telekinetische Kräfte entwickelt.

Carrie war Kings Durchbruch. Werke wie *Shining* und *Es* folgten. 1999 fuhr ein betrunkener Busfahrer King an und verletzte ihn lebensgefährlich. Zwar erholte sich King verhältnismäßig gut, doch hat er seitdem Schmerzen beim längeren Sitzen, was ihm das Schreiben erschwert. 2003 erhielt er den National Book Award, was auf einige Kritik stieß. Für viele Kritiker waren Kings Bücher keine Literatur, sondern »Groschenromane«. Dennoch hat King mit seiner Horrorliteratur unzählige Filme, Serien und Bücher beeinflusst.

Aus der Welt der Literatur

Wofür steht das »**Dada**« in der Kunstströmung Dadaismus?

a) Das französische Wort für Steckenpferd

b) Es ist der Name eines Haarwaschmittels, das 1916 in Zürich verkauft wurde

c) Es hat keine Bedeutung

Alles ist Kunst

Antwort: c) Die Dadaisten wollten Sprachkonventionen aufbrechen, denn Sprache war bloß noch Werkzeug, das Menschen in ihrem Alltag benutzten – nichts, über das sie nachdachten.

Der deutsche Poet Hugo Ball wollte genau das ändern, als er 1916 nach Zürich kam und das Cabaret Voltaire eröffnete. Schon bald war er mit seinem Programm Stadtgespräch und sorgte für Skandale. Im Cabaret Voltaire, über dessen Räumlichkeiten Wladimir Illjitsch Lenin einige Monate lebte, trugen Poeten Lautgedichte vor, deren Sinn darin bestand, die Musikalität der Sprache zu betonen. Ob die vorgetragenen Wörter einen sinnvollen Zusammenhang ergaben, spielte dabei keine Rolle. Der Dadaismus sorgte mit seinen teilweise radikalen Aktionen dafür, dass sich die Grenzen unseres Kunstverständnisses stark ausdehnten – so, dass heute auch die alltäglichsten Dinge als Kunst gelten können.

Die anderen beiden Antworten stellen übrigens tatsächlich existierende Hypothesen über den Ursprung des Wortes »Dadaismus« dar.

Klassiker

Der Roman »**Lolita**« war einer der größten Skandale des 20. Jahrhunderts. Wie heißt die Protagonistin Lolita in **Nabokovs** Roman mit bürgerlichem Namen?

a) Annabel Lee

b) Iris Steensma

c) Dolores Haze

Abgelehnt, verboten, kontrovers diskutiert

Antwort: c) Als Vladimir Nabokov (1899 bis 1977) seinen Roman *Lolita* 1953 beendete, wollte kein Verlag in Amerika etwas damit zu tun haben. In seinem Buch geht es um den Literaturprofessor Humbert Humbert und dessen krankhafte Zuneigung zu der zwölfjährigen Dolores Haze, die er Lolita nennt. Zunächst heiratet Humbert die Mutter des Mädchens, nur um ihr nahe sein zu können. Nach deren Unfalltod reist er mit Dolores quer durchs Land und macht sie zu seiner Geliebten. Vergewaltigung, Mord und Wahnsinn finden sich in Nabokovs Geschichte wieder. Es schien für ihn zunächst unmöglich, den Roman zu veröffentlichen. Letztlich fand der Autor 1955 aber einen Verlag in Frankreich, Olympia Press, dessen Programm hauptsächlich aus erotischer Schundliteratur bestand. Sie druckten das Buch, der Roman blieb in Frankreich aber zwei Jahre lang verboten. Bis heute wird das Buch, in dem literarisches Handwerk von höchstem Niveau mit gesellschaftlichen Tabus zusammentrifft, kontrovers diskutiert.

Schriftstellerleben

Der Einfluss von **Fjodor Dostojewski** auf die Literatur des 20. Jahrhunderts ist kaum zu überschätzen. Doch fast hätten Meisterwerke wie »Schuld und Sühne« und »Die Brüder Karamasow« nie das Licht der Welt erblickt. Warum?

a) Dostojewski überlebte als Kind nur knapp eine Tuberkulose-Erkrankung

b) Er durfte nur dank eines Stipendiums auf die Schule gehen, wo er lesen und schreiben lernte – sonst wäre er wohl für immer Analphabet geblieben

c) Dostojewski wäre aus politischen Gründen beinahe hingerichtet worden

Rettung im letzten Moment

Antwort: c) Dostojewski entstammte einer wohlhabenden adeligen Familie, die auf die Erziehung des jungen Dostojewski viel Wert legte. Seine Mutter starb früh an Tuberkulose, sein Vater an einem Schlaganfall. Zu dieser Zeit war Dostojewski 17 Jahre alt und trat bald darauf als Militäringenieur ins russische Heer ein. Doch schon bald war klar, dass Dostojewski sich dem Schreiben widmen wollte. Er verließ das Heer und verkehrte in Moskauer Literatenzirkeln. So kam er auch in Kontakt mit den Ideen des Sozialismus, die ihn faszinierten. Da allerdings der Zar befürchtete, es könnten sich in Russland ähnliche sozialistische Revolutionen wie in anderen europäischen Ländern ereignen, ging er hart gegen sozialistische Gruppierungen vor. Der Zar ließ Dostojewski und andere Sozialisten 1849 verhaften und verurteilte den 28-jährigen Schriftsteller zum Tode. Dostojewski stand bereits im weißen Leichenkittel vor dem Erschießungskommando, als einer der Soldaten einen Erlass des Zaren verlas, der die Hinrichtung aufhob. Stattdessen wurde Dostojewski zu vier Jahren Arbeitslager verurteilt. Da er während seiner gesamten Gefangenschaft in Ketten lag und einer strengen Kontrolle unterlag, war es ihm unmöglich, zu schreiben. Erst 1858 konnte Dostojewski wieder seiner Arbeit als Schriftsteller nachgehen. In den folgenden Jahren sollten seine größten Werke entstehen: Neben *Schuld und Sühne* waren das etwa *Die Dämonen* und *Die Brüder Karamasow*.

Orte und Figuren

Aus welchem literarischen Werk
stammt die »**Gretchenfrage**«?

a) Dem Märchen »Hänsel und Gretel«

b) Goethes »Faust«

c) Aus Margaret Atwoods »Report der Magd«

Vers 3.415

Antwort: b) Wenn jemand eine entscheidende Frage stellt, wird diese Frage oft als »Gretchenfrage« bezeichnet. Durch den häufigen Gebrauch ist der eigentliche Hintergrund der Gretchenfrage jedoch immer stärker in Vergessenheit geraten. Der Ursprung des Begriffs liegt in Vers 3.415 von Goethes *Faust*. Das religiöse Mädchen Margarete, genannt Gretchen, will schließlich vom Gelehrten Heinrich Faust wissen: »Nun sag, wie hast du's mit der Religion?« In Goethes Zeit steckt in dieser Frage großes Konfliktpotential, da damals die Kluft zwischen streng Gläubigen und der aufgeklärten Wissenschaft sehr groß war. Goethe selbst hat den Ausdruck »Gretchenfrage« übrigens nie verwendet. Heute steht die »Gretchenfrage« für eine Frage, die das Gegenüber zu einer eindeutigen Stellungnahme zwingen soll.

Aus der Welt der Literatur

Der **Welttag des Buches** findet
jährlich am **23. April** statt. Warum?

a) Am 23. April 1616 starben sowohl William
Shakespeare als auch Miguel de Cervantes

b) Der 23. April ist der Georgstag, der
Feiertag für den heiligen Georg

c) Es ist der Geburtstag des einzigen isländischen
Literaturnobelpreisträgers, Halldór Laxness

Rosen und Bücher

Antwort: b) Tatsächlich starben die großen Autoren William Shakespeare und Miguel de Cervantes beide am 23. April 1616. Und trotzdem war Cervantes zehn Tagen früher tot als Shakespeare. Wie das geht? Im Jahr 1616 rechneten die Engländer noch mit dem julianischen Kalender, die Spanier bereits mit dem (heute üblichen) gregorianischen.

Der Isländer Halldór Laxness kam am 23. April 1902 zur Welt. Für Bücher wie *Die Islandglocke* oder *Atomstation* erhielt er 1955 als erster und bisher einziger Isländer den Literaturnobelpreis.

Der Welttag des Buches hat jedoch mit keinem der Autoren zu tun – sondern mit Katalonien, der Region im Nordosten Spaniens mit Hauptstadt Barcelona. Dort ist es Brauch, am Georgstag (23. April) Rosen und Bücher zu verschenken. Liebe und Literatur waren schon seit jeher eng miteinander verwandt, und so begehen die Katalonier den Feiertag des Heiligen Georgs, des Drachentöters, als Tag der Verliebten und der Bücher. Buchhändler bieten an diesem Tag meist Sonderrabatte an und Verliebte schenken einander Bücher. Die UNESCO nahm diesen Brauch zum Anlass, um den Welttag des Buches auf den 23. April zu legen.

Klassiker

Samuel Taylor Coleridge (1772 bis 1834) war ein einflussreicher Dichter der englischen Romantik. Um welchen **mächtigen Herrscher** geht es in seinem berühmtesten Gedicht?

a) Cäsar

b) Hannibal

c) Kubla Khan

Poetisches Dokument
eines Opium-Rausches

Antwort: c) Samuel Taylor Coleridge litt sein Leben lang an Depressionen, Angstzuständen und gesundheitlichen Gebrechen. Seine Gedichte blieben davon nicht unberührt. Sein berühmtestes, *Kubla Khan*, entstand in einer Sommernacht im Jahr 1797. Coleridge war, wohl unter dem Einfluss von Opium, das er öfters nahm, eingeschlafen. Plötzlich erschien ein Gedicht von zweihundert bis dreihundert Zeilen vor seinem geistigen Auge. Darin ging es um den mächtigen Herrscher Kubla Khan, den Enkel von Dschingis Khan. Kubla Khan eroberte die Mongolei und China und erbaute die sagenumwobene Stadt Xanadu. Als Coleridge aufwachte, setzte er sich sofort hin, um seinen Traum niederzuschreiben. Doch nach 54 Zeilen klopfte es an der Tür und jemand aus dem Nachbarsdorf Porlock verwickelte Coleridge in ein Gespräch. Als er wieder an den Schreibtisch zurückkehrte, waren alle weiteren Zeilen aus seinem Traum verschwunden. So sehr er es auch versuchte, er konnte sich nicht erinnern. Also schrieb er nicht weiter, sondern ließ das Gedicht in einer Schreibtischschublade verschwinden. Erst Jahre später überredeten ihn seine Freunde, es doch zu veröffentlichen. Heute ist es sein berühmtestes Gedicht.

Orte und Figuren

Woyzeck aus **Georg Büchners**
gleichnamigem Drama ist ein …

a) … furchtloser Revolutionsheld

b) … umtriebiger Saufkumpan

c) … armer Soldat

Der Beginn der Moderne
in der deutschen Dramenliteratur

Antwort: c) Woyzeck ist eine prekäre Existenz. Er ist ein einfacher, armer Soldat und Diener eines Hauptmanns, der jede Situation nutzt, um ihn zu beleidigen. Woyzeck ist in einer Abwärtsspirale gefangen und hört immer wieder eingebildete Stimmen, die darauf hindeuten, dass er langsam den Verstand verliert. Ein fanatischer Doktor missbraucht Woyzeck für fragwürdige Experimente. Zum Beispiel lässt er ihn ausschließlich Erbsen essen. Sein klägliches Honorar für diese Sinnlosigkeiten gibt er an Marie weiter, die Mutter seines Kindes. Sie aber betrügt ihn mit einem Militärmusiker. Als Woyzeck davon erfährt, befehlen ihm seine inneren Stimmen, sie umzubringen. Er führt sie an ein Seeufer und ersticht sie dort. Danach wählt Woyzeck, zumindest deutet Büchner das an, den Freitod durch Ertrinken. Es ist aber nicht nur Marie, die ihn verraten hat, die ganze Gesellschaft hat Woyzeck auf dem Gewissen. Das Drama *Woyzeck* ist ein Fragment geblieben, da Büchner nur 23-jährig an Typhus verstarb. Mit der psychologischen Zeichnung der Charaktere in den 27 knappen Szenen hielt allerdings die Moderne Einzug in die deutsche Dramenliteratur.

Schriftstellerleben

Mark Twain (1835 bis 1910) ist vor allem für seine Werke um Tom Sawyer und Huckleberry Finn bekannt. Der gebürtige Name des Autors lautet eigentlich Samuel Langhorne Clemens. Wofür steht das **Pseudonym** Mark Twain?

a) Er benannte sich nach seinem besten Freund, der früh verstarb

b) Mark Twain bedeutet bei den Mississippi-Flussschiffern »zwei Faden Wassertiefe«

c) Mark Twain war der Name der Zigaretten, die Samuel Clemens gerne rauchte

Vom Schiffslotsen zum Bestseller-Autor

Antwort: b) Bevor Twain den Durchbruch als Schriftsteller schaffte, hatte er kein einfaches Leben. Er zog durch Amerika und arbeitete in verschiedenen Jobs. Zwischen 1859 und 1861 heuerte er als Lotse auf einem Schiff am Mississippi an. Der Fluss durchquert beinahe das gesamte Staatsgebiet der USA und sollte später Schauplatz für Twains Geschichten rund um die Freunde Tom Sawyer und Huckleberry Finn werden.

In seinen ersten dreißig Lebensjahren war Twain auf Jobs wie jenen als Schiffslotse angewiesen, denn er war hoch verschuldet. Tatsächlich dachte er sogar an Suizid. Doch seine ersten schriftstellerischen Erfolge änderten alles. Er nahm das Pseudonym Mark Twain an. Der Name erinnerte ihn an sein Leben auf dem Mississippi, wo er oft die Wassertiefe messen musste, um mit den Schiffen nicht auf Grund zu laufen. »Mark Twain« steht für zwei Faden Wassertiefe, was ungefähr 3,6 Metern entspricht.

Sein Werk *Die Abenteuer von Huckleberry Finn* (1884) gilt durch seine detaillierte Darstellung des amerikanischen Südens als Meilenstein der US-amerikanischen Literaturgeschichte. Ernest Hemingway sagte über den Roman: »Die gesamte amerikanische Literatur stammt von einem Buch von Mark Twain namens *Huckleberry Finn* ab.«

Klassiker

Wenige Werke haben die Literaturwelt mit einem solchen Unverständnis zurückgelassen wie »**Finnegans Wake**« von **James Joyce**. Ein Grund für die schwere Lesbarkeit sind unter anderem die unglaublich langen Wörter. Wie viele Buchstaben hat das längste Wort in Joyce' Werk?

a) 51

b) 81

c) 101

17 Jahre Arbeit an einem großen Rätsel

Antwort: c) Nach seinem epochalen Werk *Ulysses*, das die damals bekannten Grenzen der Literatur sprengte, hätte sich James Joyce eigentlich zur Ruhe setzen können. Doch nach 17 Jahren Arbeit erschien 1939 sein letztes Werk: *Finnegans Wake*. Zwei Jahre später starb Joyce und hinterließ viele Fragen – denn *Finnegans Wake* zählt zu den kompliziertesten Werken aller Zeiten. Eine wirkliche Geschichte ist kaum auszumachen. Einige Literaturwissenschaftler zählen zwischen sechzig und siebzig verschiedene Sprachen, die sich in diesem Werk finden. Joyce erschuf auch gänzlich neue Wörter. So finden sich im Text neun Begriffe, die aus hundert Buchstaben bestehen und aus vielen verschiedenen Sprachen zusammengesetzt sind. Das längste Wort in Joyce' Werk zählt sogar 101 Buchstaben. Es gibt viele verschiedene Interpretationen, wie denn *Finnegans Wake* zu lesen sei. Der deutsche Autor Arno Schmidt etwa meint, es handle sich einfach um eine lange Beschimpfung von James' Bruder Stanislaus Joyce. Der Autor selbst spricht von dem Buch als einem Experiment, um die »dunkle Nacht der Seele zu interpretieren«. Und weiter: »Es ist doch natürlich, dass die Dinge nachts nicht so klar sind, oder?«

Schriftstellerleben

Sophie von La Roche (1730 bis 1807) war die bekannteste Autorin der Aufklärung. Welche Aussage über die Autorin, die sich in der Gesellschaft von Goethe und Schiller bewegte, stimmt NICHT?

a) Sie war die erste Autorin, die vom Schreiben leben konnte

b) Sie hatte einen üblen Streit mit Johann Wolfgang von Goethe

c) Sie gab eine der ersten deutschen Frauenzeitschriften heraus

»Sie war die wunderbarste Frau«

Antwort: b) Sophie von La Roche war eine Pionierin, schaffte sie es doch als eine der ersten, sich in einer männerdominierten Literaturwelt zu behaupten. Sie war die erste Frau im deutschsprachigen Raum, die einen Roman veröffentlichte: *Die Geschichte des Fräuleins von Sternheim*. Nach dem Tod ihres Mannes gelang es ihr, vom Verkauf ihrer Bücher zu leben, was sie zur ersten hauptberuflichen deutschsprachigen Autorin macht. Noch dazu gab sie die erste Zeitschrift heraus, die ausschließlich Frauen für andere Frauen schrieben.

All das beeindruckte Goethe stark, der La Roche 1771 in einem Salon in Koblenz kennen lernte, wo sich intellektuelle Größen der damaligen Zeit trafen. Die Freundschaft zwischen La Roche und Goethe drückt der Dichter selbst so aus: »Sie war die wunderbarste Frau, und ich wüsste ihr keine andre zu vergleichen.«

Orte und Figuren

Friedrich Achleitner war ein Vertreter der **Wiener Gruppe**, die nach dem Zweiten Weltkrieg der Literatur in Österreich neue Impulse gab. Einer seiner Romane hat eine ganz sonderbare Hauptfigur – welche?

a) Einen Embryo

b) Einen Esel

c) Ein Quadrat

Ein eckiger Held

Antwort: c) Ein Embryo ist der Erzähler von Ian McEwans Roman *Nussschale*. In Anspielung an *Hamlet* muss der ungeborene Erzähler miterleben, wie seine Mutter und deren Liebhaber ein Mordkomplott gegen seinen Vater schmieden.

Ein Esel wiederrum ist eine der Erzählfiguren in dem großen Werk *Der Überdruss* des chinesischen Autors Mo Yan. Darin erleben Leser die Zeit in China von der Machtübernahme Mao Zedongs bis ins 21. Jahrhundert aus der Sicht des Großgrundbesitzers Ximen Nao, der gleich zu Beginn der Geschichte stirbt, dann aber Wiedergeburten als Esel, Stier, Eber und Affe erlebt.

Besondere Vorlieben für ausgefallene Experimente hatte die Wiener Gruppe, die Konrad Bayer, H.C. Artmann und Achleitner in den 50-er Jahren gründeten. Sprache sollte nicht mehr als Mittel zum Zweck – nämlich zum Erzählen einer Geschichte – verwenden werden. Die Wiener Gruppe machte Sprache in ihrer geschriebenen Form selbst zum Arbeitsgegenstand. Sie experimentierten mit Formen und Lautmalerei – die Konkrete Poesie war geboren. So ist in Achleitners *quadratroman* gar ein Quadrat Protagonist des Werkes. Dabei kommt auch die Ironie nicht zu kurz. Achleitners Buch endet mit den Worten: »lieber leser vergessen sie alles was sie hier gelesen und gesehen haben.«

Schriftstellerleben

Nach **Schillers** Tod wurde sein **Schädel** in
der fürstlichen Bibliothek von Weimar aufbewahrt.
Wer stahl ihn?

a) Der Weimarer Bürgermeister Carl Leberecht Schwabe

b) Johann Wolfgang von Goethe

c) Die Klassik Stiftung Weimar

Begehrte Gebeine

Antwort: b) Am 9. Mai 1805 starb Friedrich Schiller im Alter von 45 Jahren an einer akuten Lungenentzündung in Weimar. 1826 wollte die Stadtverwaltung das Gewölbe zusammenräumen, da es fast kein Platz für neue Särge mehr gab. Dabei stellte der Bürgermeister Carl Leberecht Schwabe entsetzt fest, dass Schillers Gebeine in dem Chaos nicht mehr eindeutig identifiziert werden konnten. Daraufhin nahm Schwabe über zwanzig Schädel mit nach Hause und wählte zusammen mit Schillers ehemaligem Diener Rudolf den größten, edelsten und regelmäßigsten Schädel aus. Feierlich übergab er diesen daraufhin an die fürstliche Bibliothek.

Im Herbst 1826 stahl Goethe, der die Schlüssel zur Bibliothek hatte, von dort heimlich den Schädel seines guten Freundes. Nachdem er das Gedicht *Bei der Betrachtung von Schillers Schädel* geschrieben hatte, brachte er den Schädel zurück und Ende des Jahres 1827 wurden die sterblichen Überreste Schillers in die Fürstengruft überführt. Später fand dort übrigens auch Goethe auf eigenen Wunsch seine letzte Ruhe an Schillers Seite. Das Gerücht, dass Schillers Schädel gar nicht der richtige sei, verstummte allerdings nie. Bei den Arbeiten zur Dechiffrierung des genetischen Codes von Friedrich Schiller führte ein Team der Gerichtsmedizin Innsbruck mehr als tausend Einzel-DNA-Analysen von Vorfahren, Verwandten und Nachkommen des Dichters durch. 2008 kam das Forscherteam zu der Erkenntnis, dass weder Skelett noch Schädel von Schiller sind. Seitdem ist sein Sarg leer und Goethe liegt alleine in der Gruft.

Zitate

Welches dieser drei Zitate stammt von dem amerikanischen Schriftsteller und Philosophen **Henry David Thoreau**?

a) »Mein Bruder bat die Vögel um Verzeihung. Das scheint sinnlos, und doch hatte er recht; denn alles ist wie ein Ozean, alles fließt und grenzt aneinander; rührst du an ein Ende der Welt, so zuckt es am anderen.«

b) »Erstaunlich, dass der Mensch nur hinter seiner Maske ganz er selbst ist.«

c) »Den Reichtum eines Menschen kann man an den Dingen messen, die er entbehren kann, ohne seine gute Laune zu verlieren.«

Erkennisse aus dem Wald

Antwort c) Das Zitat: »Mein Bruder bat die Vögel um Verzeihung. Das scheint sinnlos, und doch hatte er recht; denn alles ist wie ein Ozean, alles fließt und grenzt aneinander; rührst du an ein Ende der Welt, so zuckt es am anderen" stammt von dem russischen Schriftsteller Fjodor Michaijlowitsch Dostojewski (1821 bis 1881).

»Erstaunlich, dass der Mensch nur hinter seiner Maske ganz er selbst ist", stammt von dem amerikanischen Journalisten und Dichter Edgar Allen Poe (1809 bis 1849).

Henry David Thoreau hingegen schrieb: »Den Reichtum eines Menschen kann man an den Dingen messen, die er entbehren kann, ohne seine gute Laune zu verlieren".

Thoreau wusste, wovon er sprach. Am 4. Juli 1845, dem amerikanischen Unabhängigkeitstag, bezog er eine selbsterbaute Blockhütte an einem See und lebte dort etwa zwei Jahre allein und selbständig. In seinem Werk *Walden. Oder das Leben in den Wäldern* beschrieb er sein einfaches Leben in der Natur und ging dabei auf Themen wie Wirtschaft und Gesellschaft ein. Das Buch gehört zu den einflussreichsten der amerikanischen Literaturgeschichte.

Klassiker

Die »**Illias**« von **Homer** gilt als erstes Buch der abendländischen Literatur. Es erzählt die Geschichte des Trojanischen Krieges. Von den drei hier genannten berühmten Episoden kommt allerdings nur eine in der »Illias« vor – welche?

a) Die Eroberung Trojas mit dem Trojanischen Pferd

b) Der Raub der Helena durch Paris –
der Auslöser des Trojanischen Kriegs

c) Der Tod Hektors, des trojanischen
Königssohns, im Zweikampf mit Achilles

Einer der größten griechischen Helden

Antwort: c) Zu den einflussreichsten Episoden des Trojanischen Krieges zählen der Raub der schönen Helena durch den trojanischen Königssohn Paris, der Tod Hektors, des mächtigsten trojanischen Kriegers, und die Eroberung Trojas mithilfe des Trojanischen Pferdes. Ein breites Publikum erreichten diese Episoden durch den Film *Troja* mit Brad Pitt. Der bekannteste Text zum Trojanischen Krieg ist die *Illias* des Dichters Homer, die etwa 800 v. Chr. entstand. In diesem Werk finden sich die meisten Informationen zu der sagenhaften Schlacht.

Tatsächlich steht allerdings nur eine der drei genannten Episoden in der *Illias*. Homer beschreibt weder den Raub der Helena noch das Trojanische Pferd. Denn die Erzählung um den Trojanischen Krieg ist für Homer eigentlich bloß die Kulisse, um die Geschichte von Achilles zu erzählen, einem der größten griechischen Helden. Es sind die inneren Kämpfe des Achilles, die für Homer besonders bedeutsam sind, und mit denen sich der Leser identifizieren kann. In der finalen Szene der *Illias*, die gleichzeitig eine der berühmtesten der Antike ist, tötet Achilles Hektor. Beide sind mutige und aufrichtige Männer, womit Homer zeigt, dass ein Krieg oft komplexer ist als bloß Gut gegen Böse – und dadurch erst seine große Tragik erhält.

Schriftstellerleben

Kaum ein Autor polarisierte so stark wie **Louis-Ferdinand Céline**, einer der einflussreichsten literarischen **Stilisten** des 20. Jahrhunderts. Welche dieser Aussagen über den Franzosen stimmt NICHT?

a) Seine Dissertation – Céline war promovierter Arzt – erschien als literarisches Werk

b) Céline war radikaler Antisemit

c) Der Staat Frankreich verurteilte ihn nach dem Zweiten Weltkrieg zum Tode, die Exekution erfolgte durch ein Erschießungskommando

Reise ans Ende der Nacht

Antwort: c) Louis-Ferdinand Céline (1894 bis 1961) schloss zunächst ein Medizinstudium ab. Seine Dissertation über den Chirurgen Ignaz Semmelweis war eher Literatur als Wissenschaft, er veröffentlichte sie später tatsächlich als Buch. 1932 erschien Célines berühmtestes Werk – *Reise ans Ende der Nacht*. In diesem Buch, geschrieben in aggressiver und kompromissloser Sprache, geht es um die Schrecken des Krieges und die Schwierigkeit, sich als Soldat wieder in der alten Heimat zurecht zu finden. Doch schon bald war klar, dass Céline radikaler Antisemit war. Einer seiner Texte war so judenfeindlich, dass Schriftstellerkollegen annahmen, Céline hätte eine Satire geschrieben. Doch Céline meinte es ernst – er befürwortete das Hitler-Regime. Die Nazis verwendeten einige seiner Texte als Propaganda. Während ihn der Staat Frankreich nach dem Zweiten Weltkrieg zum Tode verurteilte, floh Céline nach Dänemark und entging einer Hinrichtung. Nach wenigen Jahren hob die französische Regierung das Urteil auf und er konnte zurückkehren.

Mit seinem Stil, weniger mit seinen Inhalten, beeinflusste Céline jedoch zahlreiche Autoren. So sagte Charles Bukowski im Hinblick auf die sprachliche Form: »*Reise ans Ende der Nacht* ist das beste Buch, das in den letzten zweitausend Jahren geschrieben wurde.«

Zitate

Die »**Initiative Deutsche Sprache**« und die »**Stiftung Lesen**« suchten 2007 den schönsten ersten Satz der deutschsprachigen Literatur. Aus welchem Buch kommt der Gewinner?

a) Günter Grass' »Der Butt«

b) Franz Kafkas »Die Verwandlung«

c) Siegfried Lenz' »Der Leseteufel«

Drei Worte für die Ewigkeit

Antwort: a) »Der erste Satz ist wichtig. In der Liebe wie auch in der Literatur. Ein guter erster Satz entscheidet oftmals schon darüber, ob wir uns in einen Menschen oder in ein Buch verlieben, ob wir berührt werden und uns voller Neugier auf das Versprechen einer guten Geschichte einlassen«, hieß es in der Presseinformation zu diesem Wettbewerb, bei dem 17.000 Leserinnen und Leser und eine sechsköpfige Jury aus der gesamten deutschsprachigen Literatur schöpfen konnten.

Der dritte Platz ging an die Erzählung *Der Leseteufel* von Siegfried Lenz:

»Hamilkar Schaß, mein Großvater, ein Herrchen von, sagen wir mal, einundsiebzig Jahren, hatte sich gerade das Lesen beigebracht, als die Sache losging.«

Den zweiten Preis belegte Franz Kafkas berühmter Einstieg in *Die Verwandlung*:

»Als Gregor Samsa eines Morgens aus unruhigen Träumen erwachte, fand er sich in seinem Bett zu einem ungeheuren Ungeziefer verwandelt.«

Den Hauptpreis gewann der Anfang von Günter Grass' Roman *Der Butt*:

»Isebill salzte nach.«

Klassiker

In Hermann Melvilles »**Moby Dick**« geht es um die Jagd von Kapitän Ahab nach dem Wal, der ihm ein Bein abgerissen hat. Doch um was für einen **Wal** handelt es sich?

a) Grauwal

b) Buckelwal

c) Pottwal

Am Ende gewinnt die Natur

Antwort: c) »Nennt mich Ishmael.« So beginnt der berühmte Roman *Moby Dick* des Amerikaners Hermann Melville (1819 bis 1891). In dem Buch erzählt der Matrose Ishmael über seine Erlebnisse auf dem Schiff von Kapitän Ahab. Ahab hat bei einem früheren Zusammentreffen mit einem großen weißen Pottwal, er nennt ihn Moby Dick, ein Bein verloren. Nun ist der Kapitän auf Rache aus und will den Wal erlegen. Ahab steigert sich immer mehr in das Vorhaben hinein und bringt letztlich die gesamte Mannschaft in Gefahr. Als die Crew den Wal in der Nähe von Japan aufspürt, jagen sie ihn drei Tage, ehe es zum finalen Aufeinandertreffen kommt. Der Wal bringt das Schiff zum Kentern und zieht Ahab mit sich in die Tiefe. Nur Ishmael überlebt und erzählt seine Geschichte.

Der Pottwal ist das größte räuberisch lebende Tier der Erde und sein einziger Feind ist der Mensch. Daher eignet er sich perfekt, um in Melvilles Werk die Natur zu repräsentieren, die der Mensch bändigen will und die ihn letztlich vernichtet.

Orte und Figuren

William Shakespeare schrieb die meisten seiner Stücke für ein bestimmtes **Londoner Theater**, das durch ihn heute zu den berühmtesten Bühnen der Welt zählt. Welches ist gesucht?

a) Blackfriars Theatre

b) The Royal Opera House

c) Globe Theatre

Shakespeare bei Wind und Wetter

Antwort: c) Zusammen mit seiner Schauspielgruppe The King's Men, für die er die meisten seiner Stücke schrieb, erbaute Shakespeare dieses Theater 1599 im Londoner Stadtteil Bankside. Es zählte zu den erfolgreichsten und berühmtesten Theatern seiner Zeit. Mit seiner runden Form bot es Platz für mehr als 3.000 Leute. Die billigen Stehplätze vor der Bühne waren Wind und Wetter ausgesetzt, die teureren Logenplätze waren überdacht. Besonderes Merkmal: Kein Platz war weiter als zwanzig Meter von der Bühne entfernt, was für eine sehr intime Atmosphäre zwischen Schauspieler und Publikum sorgte. 1642 schloss die puritanische Regierung das Theater und ließ es zwei Jahre später endgültig abreißen. Als der amerikanische Schauspieler Sam Wanamaker 1949 nach London kam und feststellte, dass nicht einmal Reste dieses berühmten Theaters existierten, entschloss er sich, ein neues Globe zu bauen. In dieser originalgetreuen Nachbildung können Shakespeares Stücke heute so aufgeführt werden wie vor 400 Jahren.

Übrigens war Shakespeare auch stets Teilhaber an den Theatern, in denen er seine Stücke aufführte – wodurch er es zu ansehnlichem Wohlstand brachte.

Aus der Welt der Literatur

Wer beschrieb **Alma Mahler-Werfel**, die Ehefrau des Komponisten Gustav Mahler, des Architekten Walter Gropius und des Dichters Franz Werfel, sowie Geliebte des Malers Oskar Kokoschka und weiterer prominenter Männer, als »**zerflossene Alte auf dem Sofa**«?

a) Elias Canetti

b) Thomas Bernhard

c) Ingeborg Bachmann

Ein gemeiner großer Autor

Antwort: a) Elias Canetti (1905 bis 1994) zeigt sich in seinen Autobiografien gerne als gastfreundlicher Intellektueller mit Liebe zu Büchern. Doch moderne Biographen zeichnen, etwa anhand von Canettis Briefwechseln, ein anderes Bild von ihm.

Demnach befasste sich der Literatur-Nobelpreisträger nicht nur in seinem philosophischen Hauptwerk mit Macht (*Masse und Macht*, erschienen 1960) sondern übte sie auch privat aus. Canetti konnte ein durchaus witziger und geistreicher Unterhalter sein, gleichzeitig verhielt er sich oft egoistisch, eitel, verletzend und jähzornig. Er stellte seine Mitmenschen bloß und beleidigte sie, wie Anna Mahler-Werfel, die er zum Beispiel »Mörderin Gustav Mahlers« oder »zerflossene Alte auf dem Sofa« nannte. Die österreichische Schriftstellerin, Übersetzerin und Journalistin Hilde Spiel bezeichnete Canetti deshalb als »wirkliche Giftspritze«.

Noch tiefere Einblicke in das Wesen des Autors, zu dessen bekanntesten Werken der Roman *Die Blendung* zählt, stehen vorläufig aus. Denn Canetti, der mit osmanischer Staatsbürgerschaft in Russland zur Welt kam, in Wien und England lebte und in der Schweiz starb, überließ zwar seinen Nachlass inklusive seiner 20.000 Bände umfassenden Bibliothek der Zentralbibliothek Zürich, doch sein Tagebuch und große Teile seiner Briefkorrespondenz sperrte er für dreißig Jahre. Erkenntnisse über ihren Inhalt wird es erst 2024 geben.

Schriftstellerleben

Welche Ikone der Frauenliteratur hieß im Mädchennamen **Frauendorfer** und wohnte in **Frauenstein**?

a) Ilse Aichinger

b) Marie Luise Kaschnitz

c) Marlen Haushofer

Der schwierige Begriff »Frauenliteratur«

Antwort: c) Marlen Haushofer (1920 bis 1970), gebürtige Frauendorfer und geboren in Frauenstein, gilt als eine wichtige Protagonistin der »Frauenliteratur«. So bezeichnete die Kritik früher vor allem Literatur mit weiblichen Protagonistinnen. Im Zuge der neuen Frauenbewegung in den 60er- bis 80er-Jahren wandelte sich der Begriff allerdings, sodass er heute eher von Frauen geschriebene Literatur bezeichnet. In der wissenschaftlichen Debatte wird dies aber durchaus kritisch gesehen, da alleine die Notwendigkeit eines solchen Begriffs zeigt, dass »Literatur« (ohne den Zusatz »Frauen«) anscheinend kein neutraler Begriff ist, »Männerliteratur« also die Norm darstellt. Noch immer assoziieren viele Menschen Bücher von Frauen mit bestimmten Themen, etwa Kinder, Familie oder Romantik. Von Frauen geschriebene Bücher scheinen keine allgemeingültigen Themen zu behandeln, sondern sich vor allem an andere Frauen zu richten. Diese Vorurteile führen dazu, dass Männer viel weniger Bücher von Autorinnen lesen, während dies umgekehrt nicht der Fall ist.

Aus diesem Grund gehen Wissenschaftler heute sehr vorsichtig mit Begriffen wie »Frauenliteratur« um, wenn sie nicht gar ganz auf sie verzichten. Ein gutes Beispiel für diese Problematik ist im Leben von Marlen Haushofer zu finden: Zu ihren Lebzeiten war sie nur für ihre Kinderbücher bekannt. Die damalige Gesellschaft akzeptierte Frauen als Autorinnen von Kinderbüchern, wohl weil das ihrer Rolle als Mutter entsprach. Erst die Frauenliteraturforschung der 80er-Jahre brachte Haushofers andere Romane, etwa *Die Wand* (1963), wieder ins Gespräch und zeigte, was für eine großartige Autorin sie war.

Zitate

Woher stammt das berühmte Zitat: »**I would prefer not to**« (deutsch: »Ich möchte lieber nicht.«)?

a) Moby Dick

b) Bartleby der Schreiber

c) Schall und Wahn

Büro-Alltag für Fortgeschrittene

Antwort: b) *Schall und Wahn* (1929) ist ein Roman des Amerikaners William Faulkner und wegen der komplexen Form ein wichtiges Werk der Moderne. Der Titel bezieht sich auf ein Zitat aus Shakepeares *Macbeth*: »Leben ist nichts mehr als eine Fabel, erzählt von einem Idioten, voll mit Schall und Wahn, die nichts bedeutet.«

Moby Dick ist das berühmteste Werk von Hermann Melville (1819 bis 1891) und eines der wichtigsten amerikanischen Bücher des 19. Jahrhunderts. In ihm findet sich eine Fülle von berühmten Zitaten (etwa: »Die Insel ist auf keiner Karte verzeichnet. Die wahren Orte sind das nie.«), doch das gesuchte gehört nicht dazu. Es findet sich in der Erzählung *Bartleby der Schreiber*, dem ersten Text, den Melville nach *Moby Dick* veröffentlichte. In der Geschichte geht es um Bartleby, der als Schreibgehilfe in einem Büro an der Wall Street zu arbeiten beginnt. Dort kopiert Bartleby Verträge, lehnt aber jede andere Aufgabe mit den Worten »I would prefer not to« (»Ich möchte lieber nicht«) ab. Bald hört er auch auf, Verträge zu kopieren, wohnt allerdings mittlerweile in der Kanzlei und wird von Tag zu Tag apathischer. Von Bartlebys Hartnäckigkeit überrumpelt, räumt sein Chef letztlich sogar das Büro, weil er Bartleby nicht vor die Tür setzen möchte.

Klassiker

Die Literaturwissenschaft als Disziplin gibt es erst einige Jahrzehnte, doch **das erste literaturwissenschaftliche Werk** ist viel älter. Trotzdem enthält es viele Erkenntnisse, die bis ins heutige Hollywood-Kino reichen. Wer schrieb dieses Werk?

a) Platon

b) Aristoteles

c) Cicero

Die reinigende Kraft der Literatur

Antwort: b) Aristoteles schrieb seine *Poetik* ungefähr um 335 v. Chr. Es war das erste systematische Werk über Literatur. Besonders einflussreich war seine Idee der *katharsis*, der Reinigung. Seine Theorie: Das Publikum identifiziert sich mit dem, was auf der Bühne stattfindet, da ein gutes Schauspiel möglichst realistisch das Leben nachahmt. Diese Nachahmung nennt Aristoteles *mimesis*. Meist werden extrem emotionale Szenen gespielt. Sie handeln von Rache, Trauer oder Liebe. Die Zuseher können diese Gefühle durch die Schauspieler erleben und so ihre Seele »reinigen«, ohne diese Emotionen selbst ausleben zu müssen. In gewisser Weise hat das Theater somit eine therapeutische Funktion. Aristoteles beschreibt auch das Stilmittel der *anagnorisis*, der Wiedererinnerung. Ein bestimmtes Detail kann einen Charakter dazu bringen, sich an etwas zu erinnern, und damit der ganzen Handlung eine entscheidende Wendung geben. Dieses und andere von Aristoteles beschriebene Stilmittel gehören bis heute zum Standardrepertoire des Hollywood-Kinos. Ein berühmtes Beispiel einer *anagnorisis* findet sich in Alfred Hitchcocks Klassiker *Vertigo*. In diesem Film verliebt sich die Hauptfigur John Ferguson, ein ehemaliger Polizist, in die Frau, die er eigentlich beschützen soll. Sie stirbt und Ferguson wird depressiv. Eines Tages glaubt er jedoch, sie auf der Straße wiederzuerkennen. Daraus ergibt sich eine der spannendsten Wendungen der Filmgeschichte.

Schriftstellerleben

Welcher österreichische **Maler** trat auch **als Lyriker** auf und schrieb: »Ich bin Mensch, ich liebe Den Tod und Liebe/Das Leben«

a) Gustav Klimt

b) Egon Schiele

c) Oskar Kokoschka

Literarisches Selbstbild
eines begnadeten Malers

Antwort: b) Gustav Klimt meinte über sich selbst: »Schon wenn ich einen einfachen Brief schreiben soll, wird mir Angst und Bang wie vor einer drohenden Seekrankheit. Wer was über mich wissen will, soll meine Bilder aufmerksam betrachten«. Es gibt zwar trotzdem viele Briefe und Postkarten des großen Künstlers, Gedichte sind allerdings nicht zu finden. Anders die beiden Expressionisten Egon Schiele und Oskar Kokoschka. Der etwas ältere Kokoschka schrieb seit 1907 expressionistische Bühnenstücke, wie das Skandalstück *Mörder, Hoffnung der Frauen*, für das er auch das Plakat und das Bühnenbild entwarf. Ebenso reichte für Egon Schiele die bildende Kunst nicht aus, um sich vollständig ausdrücken zu können und er widmete sich ab 1910 immer wieder auch der Dichtkunst. Bereits zu Lebzeiten erschienen seine Gedichte in kleinen Auflagen und zeigen ihn als expressionistischen Lyriker durchaus auf der Höhe seiner Zeit. Die Verse der Frage stammen aus dem Gedicht *Ein Selbstbild* aus dem Jahr 1910.

Orte und Figuren

Margaret Atwood, geboren 1939 in Ottawa, Kanada, ist eine der bekanntesten Schriftstellerinnen der Gegenwart. Ihr Buch »**Report der Magd**« ist einer der wichtigsten feministischen Romane. Er diente vielen Emanzipationsbewegungen als Inspiration. Bei feministischen Protesten kleiden sich Frauen oft im Stil einer »Magd«. Wie sieht diese Kleidung aus?

a) Rote, lange Robe und eine weiße Haube

b) Schwarze Kleider mit weißen Handschuhen

c) Weiße Blusen mit langen, blauen Bundfalthosen

Spekulative Fiktion

Antwort: a) Der Report der Magd erschien 1985 und erzählt von einem Amerika, das mit den Folgen von Nuklearkatastrophen zu kämpfen hat. Im Staate New England gelangt eine fundamentalistisch-religiöse Sekte an die Macht: die Söhne Jakobs. Sie errichten eine Gesellschaft, die Frauen in verschiedene Klassen einteilt und ihnen alle persönlichen Rechte nimmt. Die Hauptfigur, Desfred, ist eine Magd – ihre Aufgabe besteht darin, ihrem Herren Kinder zu gebären. Neben der dramatischen Geschichte von Desfred enthält der Roman auch detaillierte Schilderungen von Unterdrückungsmechanismen an Frauen. Dabei ließ Atwood nicht etwa ihrer Fantasie freien Lauf. Ihr Buch zählt zum Genre der *speculative fiction*. Das bedeutet, Atwood beschreibt ausschließlich Methoden und Gesetze, die in der Geschichte der Menschheit bereits tatsächlich vorgekommen oder mit unserer Technologie heute bereits möglich sind. 2017 produzierte Bruce Miller die amerikanische TV-Serie *Der Report der Magd* (*The Handmaid's Tale*). So wurde das Buch wieder zum Gesprächsthema. Die charakteristische Kleidung der Mägde – lange, rote Roben und weiße Hauben (die altertümlichen *bonnets*), die das Gesicht fast völlig verdecken – tragen viele Feministinnen in den USA oder Europa bei ihren Protesten.

Klassiker

Gotthold Ephraim Lessings (1729 bis 1781) »**Nathan der Weise**« ist ein Schlüsseltext der Aufklärung. Das Stück enthält eine berühmte Parabel über....

a) Einen Ring

b) Ein Goldstück

c) Die Bibel

Eine kleine Geschichte,
die Großes bewirken kann

Antwort: a) Nathan der Weise, uraufgeführt 1783, erzählt von dem jüdischen Geschäftsmann Nathan, der während der Kreuzzüge in Jerusalem lebt. Der Herrscher Jerusalems, Sultan Saladin, lässt Nathan zu sich kommen, da er Geldprobleme hat. Er hofft auf ein Darlehen von Nathan, will diesen allerdings nicht darum bitten und versucht es mit einer List: Er fragt den Geschäftsmann, welche der drei monotheistischen Religionen die richtige sei. Nathan antwortet in seiner Weisheit mit der Ringparabel: Ein Vater hat drei Söhne. In seiner Familie ist es Brauch, einen Ring an den Sohn weiterzugeben, den er am meisten liebt. Da er alle drei Söhne gleich liebt, lässt er zwei identische Kopien des echten Ringes anfertigen. Am Ende kann nicht einmal der Vater selbst mehr sagen, welcher Ring der richtige sei. So, meint Nathan, sei es auch mit den drei monotheistischen Religionen. Gerührt von dieser Geschichte schließen der Sultan und Nathan Freundschaft. Bis heute gilt das Stück von Lessing als ein wichtiger Text des interreligiösen Dialogs.

Schriftstellerleben

Sir Arthur Conan Doyle schuf mit **Sherlock Holmes** den wohl berühmtesten Detektiv aller Zeiten. Doyle selbst hatte aber ein nicht weniger interessantes Leben. Welches der drei genannten Ereignisse gehört NICHT zu seiner Biographie?

a) Doyle glaubte an übernatürliche Phänomene

b) Doyle übernahm die Rolle des Detektivs selbst in zwei Fällen

c) Er war begeisterter Schwimmer

Ein Spiritualist im Schnee

Antwort: c) Als Sir Arthur Conan Doyle (1859 bis 1930) bereits ein berühmter Schriftsteller war, übernahm er selbst die Rolle des Ermittlers. Er verfolgte stets gespannt die Berichte über Kriminalfälle in England. Zweimal entdeckte er Lücken in der Anklage. So half er 1906 dem indisch-britischen Anwalt George Edalji, seine Unschuld zu beweisen, nachdem dieser der Tierquälerei bezichtigt worden war. Diese Geschichte hat der britische Autor Julian Barnes im Roman *Arthur and George* verarbeitet.

In späteren Jahren wandte sich Doyle zunehmend dem Spiritualismus zu – eine große Ironie angesichts der Tatsache, dass Doyle mit Sherlock Holmes die rationale Figur schlechthin erschaffen hatte. Doyle glaubte etwa, dass es möglich sei, mit Toten Kontakt aufzunehmen. Das führte auch zum Bruch mit seinem Freund Harry Houdini, dem berühmten Magier. Während Houdini versuchte, Wahrsager und andere Okkultisten als Trickbetrüger zu entlarven und Magie als bloße Show sah, war Doyle von der Existenz des Übernatürlichen überzeugt – und sprach Houdini selbst übernatürliche Fähigkeiten zu.

Eine große Liebe Doyles war nicht das Schwimmen, sondern das Skifahren, das er während seiner Zeit im österreichischen Feldkirch kennenlernte, wo er im Alter von 16 Jahren eine Jesuitenschule besuchte.

Aus der Welt der Literatur

Zu welcher literarischen Strömung zählen Romane wie
»**Hundert Jahre Einsamkeit**« des kolumbianischen
Autors Gabriel García Márquez oder »**Das Geisterhaus**«
von der Chilenin Isabel Allende?

a) Realviszeralismus

b) Fantastischer Realismus

c) Magischer Realismus

Wundersame Dinge passieren

Antwort: c) Besonders Autoren aus Lateinamerika sind oft Vertreter des Magischen Realismus, etwa Alejo Carpentier, Isabel Allende oder eben der Nobelpreisträger Gabriel García Márquez. Laut Carpentier hat die lateinamerikanische Bevölkerung keinen so rationalen Blick auf die Welt wie die westliche, was er als Vorteil begreift – dadurch versuchen die Menschen nicht, alle unbegreiflichen Geschehnisse zu erklären und zu verstehen, sondern bewahren einen Rest »Magie« in der Welt. Im Gegensatz zum herkömmlichen Fantasy-Genre nutzt der Magische Realismus ein realistisches Setting für seine Geschichte, in dem wundersame Dinge passieren, die sich nicht erklären lassen. Die Menschen nehmen das Magische als Teil ihrer Realität hin – daher Magischer Realismus. Die Strömung ist jedoch nicht auf Lateinamerika begrenzt. So unterschiedliche Autorinnen und Autoren wie Haruki Murakami, Toni Morrison oder Günter Grass nutzen ebenfalls Elemente des Magischen Realismus.

Orte und Figuren

Mit »**American Psycho**« schrieb **Bret Easton Ellis** (*1964) einen der Skandalromane der 90er-Jahre. Ein wiederkehrendes Motiv ist die Lieblingsband der psychopathischen Hauptfigur Patrick Bateman – um welche Musikgruppe handelt es sich?

a) Talking Heads

b) Genesis

c) The Doors

Die Leidenschaft eines Psychopathen

Antwort: b) Der Roman *American Psycho* (1991) sorgte bei seinem Erscheinen für großes Aufsehen. Der Autor Bret Easton Ellis verbindet darin seitenlange Gewaltexzesse mit scheinbar banalen Themen. So erzählt die Hauptfigur Patrick Bateman von seiner Liebe zur Band Genesis, während er mit zwei Prostituierten schläft. Bateman verhält sich hochgradig psychopathisch. Er sieht in seinen Mitmenschen niemals Freunde, sondern benutzt sie bloß zur Befriedigung seines Mord- oder Sexualtriebs. Doch wenn er über Musik nachdenkt, ergreifen ihn tiefe Gefühle. So hält er *Invisible Touch* für das beste Album von Genesis und ihren Song *In Too Deep* für das schönste Lied der letzten Jahrzehnte. Dieser Kontrast ist verantwortlich für den einzigartigen Stil des Romans.

2000 kam eine Verfilmung des Kultklassikers in die Kinos, in der Christian Bale den Wall Street-Broker und Psychopathen Patrick Bateman verkörpert.

Klassiker

Wegen einem seiner Werke verbannte **Kaiser Augustus** den römischen **Dichter Ovid**. Wovon handelte das Werk?

a) Es war eine Kritik an der Herrschaft von Augustus

b) Es war ein Handbuch für Liebende

c) Es war eine Kritik der Religion

Flirt-Tricks aus dem antiken Rom

Antwort: b) Ovid (43 v. Chr. bis ca. 17 n. Chr.) ist heute vor allem für sein Werk *Metamorphosen* bekannt. Darin verarbeitet der Dichter unzählige antike Mythen. Seinerzeit allerdings war sein Werk *Ars amatoria* ebenso berühmt. Darin gibt er Ratschläge, wie ein Liebhaber am besten um eine Frau wirbt. Etwa kann er, während sie gemeinsam das Wagenrennen beobachten, Staub von ihrem Kleid wischen – auch wenn da gar kein Staub ist. Eine klein gewachsene Frau empfängt ihren Liebhaber am besten im Liegen, empfiehlt er, und versteckt ihre Beine unter dem Kleid, sodass er ihre Größe nicht gleich bemerkt. Ovid schreibt auch über Sex, etwa über den Genuss von gemeinsamen Orgasmen. Zudem berichtet er detailliert über alle möglichen Stellungen. Das Werk war bei den Römern sehr beliebt – nicht aber bei Kaiser Augustus. Er soll über das Lehrgedicht gar nicht glücklich gewesen sein. Ovid wurde bis an sein Lebensende nach Tomis im heutigen Rumänien verbannt. Das Werk war aber vielleicht nur ein willkommener Vorwand. Tatsächlich dürfte Ovid aus politischen Gründen vertrieben worden sein. So wird etwa vermutet, dass der Dichter von dem Ehebruch Augustinus' Enkelin Julia gewusst haben soll: Dass sie fremdging, passte so gar nicht in das Herrschaftskonzept des Kaisers, der in seiner Politik sehr auf Sitte und Moral setzte.

Schriftstellerleben

Thomas Pynchon ist ein Vertreter der sogenannten **Postmoderne**. Seine Bücher sind hochkomplex, gleichzeitig strotzen sie vor Ironie. Welche dieser Aussagen über den Autor Pynchon ist richtig?

a) Er schrieb sein erstes Buch mit 19 Jahren

b) Es existieren keine Fotos von ihm und niemand weiß Näheres zu seiner Person

c) Er arbeitete für Airbus

Leben im Verborgenen

Antwort: b) In der Comic-Serie *Die Simpsons* hatte Thomas Pynchon (*1937) bereits drei Auftritte – und jedes Mal trug seine Zeichentrickfigur eine Tüte über dem Kopf. Es ist eine Anspielung darauf, dass tatsächlich nur sehr wenig über ihn bekannt ist. Es existieren – außer ein paar Jugendaufnahmen – keine Fotos von ihm und sein genauer Wohnort ist ebenfalls unbekannt. Eine der wenigen Infos, die bekannt sind: Nach seinem Physik-Studium arbeitete er bei Boeing, ehe er sich ganz dem Schreiben widmete.

Pynchon gibt auch kaum Interviews. Er will, dass seine Arbeit für sich alleine steht. Romane wie *V.*, *Die Enden der Parabel* oder *Gegen den Tag* machten ihn berühmt. Pynchon verbindet in seinen Büchern gerne vielschichtige und komplizierte Themen miteinander, etwa die Relativitätstheorie, die Geschichte der Weltkriege und den politischen Anarchismus in *Gegen den Tag*. Bis zu hundert Figuren können in einem einzigen Buch von ihm auftauchen. Trotz dieser Komplexität besitzt Pynchon eine große Liebe zu Ironie und Popkultur.

Zahlen, Rekorde, Preise

Wer ist der erfolgreichste **deutschsprachige** Autor?

a) Johannes Mario Simmel

b) Hermann Hesse

c) Karl May

83 Bücher, 200 Millionen Mal verkauft

Antwort: c) Als der österreichische Schriftsteller Johannes Mario Simmel 2009 in Luzern starb, bezifferte sein Verlag die Gesamtauflage seiner Bücher auf 75 Millionen Exemplare in 35 Ländern. Simmel schrieb über gesellschaftspolitisch relevante Themen, aufgrund seines sehr leicht lesbaren Schreibstils bezeichnete ihn die Kritik allerdings als »Trivialautor«.

Schwieriger zu berechnen ist die Weltauflage aller Bücher Hermann Hesses, weil die Zahl der Raubdrucke seiner Werke gerade im asiatischen Raum immens zu sein scheint. Der Suhrkamp Verlag schätzt eine Verbreitung von 150 Millionen Exemplaren.

Als erfolgreichster deutschsprachiger Autor gilt allerdings Karl May. Er hat 83 Bücher veröffentlicht, die weltweit mehr als 200 Millionen Mal verkauft wurden. Am bekanntesten sind seine Romane um den Indianer Winnetou. Obwohl diese Bücher gerade wegen ihrer Darstellung des Wilden Westens eine breite Leserschaft fanden, schrieb Karl May seine Werke, ohne je in Amerika gewesen zu sein. Das hielt ihn nicht davon ab, zu behaupten, er habe die geschilderten Abenteuer selbst erlebt. Als er dann zehn Jahre nach der Veröffentlichung seiner Romane zum ersten Mal tatsächlich Amerika und besonders Indien, über das er auch viel geschrieben hatte, bereiste, unterschied sich die Realität so sehr von seinen erfundenen Geschichten, dass er einen Nervenzusammenbruch erlitt.

Schriftstellerleben

Tom Wolfe war einer der exzentrischsten Schriftsteller des 20. Jahrhunderts. Welches Kleidungsstück war sein **Erkennungsmerkmal**?

a) Rote Schuhe

b) Blaue Melone

c) Weiße Anzüge

»Eitel, aber gut«

Antwort: c) Tom Wolfe (1930 bis 2018) schaffte es sein Leben lang, sich mit etwas Mystischem zu umgeben. Er war immer ganz in Weiß gekleidet, mit Maßanzug und Hut, sein Gang war stolz und aufrecht und aus seinem Alter machte er gerne ein Geheimnis.

Wolfe, Autor des Weltbestsellers *Fegefeuer der Eitelkeiten*, war ein Vertreter des New Journalism. Diese Bewegung entstand in den USA der 60er-Jahre und versucht, literarische Elemente in journalistischen Reportagen einzusetzen. Wolfe war Journalist, jedoch langweilte ihn der schlichte und nüchterne Schreibstil der Zeitungen.

Sein Durchbruch gelang mit einer Reportage über die Hippie-Kommune rund um den Aktionskünstler Ken Kesey. Die Gemeinschaft war damals berüchtigt für ihre LSD-Partys. Wolfe fuhr zusammen mit den Leuten mehrere Wochen in einem alten Bus von San Francisco nach New York. Er schrieb außerdem über die Black Panther-Bewegung, die NASA und das Silicon Valley. *Fegefeuer der Eitelkeiten*, erschienen 1987, war sein erster echter Roman. Darin äußerte er sich ablehnend über die Korruption und den Rassismus in New York. Ebenfalls oft im Zentrum seiner Kritik: die amerikanische High Society und ihre Scheinheiligkeiten.

Aus der Welt der Literatur

Was eint **Vladimir Nabokov**, **Milan Kundera** und **Samuel Beckett**?

a) Sie wechselten die Sprache

b) Sie mussten ins Exil gehen

c) Sie bekamen den Nobelpreis

Die geliebte Fremdsprache

Antwort: a) Der irische Schriftsteller Samuel Beckett lebte seit 1937 in Frankreich, ein Grund dafür war die Liebe zu seiner späteren Ehefrau Suzanne Deschevaux-Dumesnil. Seine ersten Texte verfasste er auf Englisch, in seiner mittleren und fruchtbarsten Phase schrieb er überwiegend französisch. 1969 erhielt er den Nobelpreis für Literatur. Sein bekanntestes Werk *Warten auf Godot* (*En attendant Godot*) feierte seine Uraufführung 1953 in Paris.

Milan Kundera wechselte dagegen aus politischen Gründen die Sprache, in der er Literatur schreibt. 1975 erhielt er einen Ruf als Dozent an die Universität Rennes, wodurch er dem kommunistischen Regime in Tschechien und seiner Zensur entkommen konnte. Sein 1994 erschienener Roman *Die Langsamkeit* (*La lenteur*) ist Kunderas erster in französischer Sprache. Vladimir Nabokovs Familie wiederum flüchtete vor den Wirren der Oktoberrevolution ins Ausland. Über Umwege kam er schließlich in die USA, wo 1940 sein erster englischsprachiger Roman entstand: *The Real Life of Sebastian Knight*.

Klassiker

Von welchem großen Roman **vernichtete** der Autor kurz vor seinem Tod den zweiten Teil?

a) »Don Quijote« von Miguel de Cervantes

b) »Der Mann ohne Eigenschaften« von Robert Musil

c) »Die toten Seelen« von Nikolai Gogol

Genie und religiöser Wahnsinn

Antwort: c) Der erste Teil des *Don Quijote* war gleich nach seiner Veröffentlichung im Jahr 1605 ein Verkaufserfolg. Nachdem ein bis heute nicht bekannter Schriftsteller mit dem Pseudonym Alonso de Avellaneda eine inoffizielle Fortsetzung geschrieben hatte, die ebenfalls sehr erfolgreich war, beeilte sich Cervantes, seinen eigenen zweiten Teil zu beenden. Er veröffentlichte diesen 1615.

Band eins von *Der Mann ohne Eigenschaften* erschien 1930, Band zwei dann 1932. Robert Musil schrieb bis zu seinem Tod 1942 weiter, doch durch die Wirren des Zweiten Weltkriegs und weil sich der Autor auf kein Ende festlegen konnte, war die Veröffentlichung eines weiteren Teils nicht möglich. Die heute vorliegende Ausgabe seines Meisterwerks musste aus seinem Nachlass rekonstruiert werden.

Nikolai Gogol ist der einzige der drei, der ein eigenes Werk tatsächlich vernichtete. Der Schriftsteller fühlte sich trotz des riesigen Erfolgs seiner Komödie *Der Revisor* missverstanden und zog von St. Petersburg nach Rom, wo er seinen größten literarischen Erfolg verfasste, den Roman *Die toten Seelen* (1842). Trotz oder wegen des Erfolgs verfiel er in eine religiöse Psychose. In einem Anfall von Wahnsinn verbrannte er den zweiten Teil des Romans. Dies empfand er aber kurz darauf als großen Fehler. Mit nur 42 Jahren starb er an den Folgen strengen religiösen Fastens.

Orte und Figuren

Als sich die beiden Protagonisten von
Goethes »**Faust**«, der teuflische Mephisto und
Doktor Heinrich Faust, zum ersten Mal begegnen,
schlüpft **Mephisto** in die Form eines ...

a) Dalmatiners

b) Pudels

c) Dackels

Der wohl bekannteste Text, den die deutsche Literatur hervorgebracht hat

Antwort: b) Zu Beginn des Dramas ist der Gelehrte Faust verzweifelt. Trotz jahrelanger Studien und einer bedeutenden wissenschaftlichen Karriere hat er nicht herausgefunden, »was die Welt im Innersten zusammenhält«. Faust verfällt in tiefe Traurigkeit und möchte sich schon durch Gift das Leben nehmen, als die Osterglocken ertönen und ihn an seine glückliche Kindheit erinnern. Er lässt von seinem Selbstmordversuch ab. Am nächsten Tag, dem Ostersonntag, bemerkt er während eines Spaziergangs einen schwarzen Pudel. Er nimmt ihn mit zu sich und entdeckt zuhause, dass der Hund eigentlich Mephisto ist, »der Geist, der stets verneint«. »Das also war des Pudels Kern!«, ruft Faust in dieser Szene aus. Damit prägte Goethe die bis heute geläufige Redewendung. Was Faust allerdings nicht weiß – Mephisto hat mit Gott eine Wette um seine Seele abgeschlossen. Um Fausts Seele zu bekommen, will ihm Mephisto eben jene Geheimnisse der Natur zeigen, die er so verzweifelt sucht. Faust lässt sich auf den Pakt ein – und damit beginnt die eigentliche Handlung von Goethes Drama, dem wohl bekanntesten Text, den die deutsche Literatur hervorgebracht hat.

Zitate

Von wem stammt das Zitat: »Wir können nicht entscheiden, ob das was wir Wahrheit nennen, wahrhaftig Wahrheit ist oder ob es uns nur so scheint.«?

a) Gottfried Keller

b) Heinrich von Kleist

c) Joseph von Eichendorff

Ein Dichter auf den Spuren Kants

Antwort: b) Heinrich von Kleist (1777 bis 1811) schrieb den gesuchten Satz 1801 in einem berühmt gewordenen Brief an seine Verlobte Wilhelmine. Der Dichter befand sich in einer Phase, die Kleist-Forscher als "Kant-Krise" bezeichnen. Der Philosoph Immanuel Kant hatte in seinem Werk *Kritik der Urteilskraft* die Grenzen der menschlichen Erkenntnis aufgezeigt und damit auch definiert, was der Mensch niemals wissen kann – etwa die »wahrhaftige Wahrheit«, wie Kleist schreibt. Kleist zeigte sich von Kants Werk tief beeindruckt.

Manche Forscher halten sein Zitat für eine Ausrede, um ein Leben ohne klare Ziele zu führen. Denn der Sohn einer pommerschen Adelsfamilie, der eigentlich für eine hohe Position in der Politik oder der Wirtschaft bestimmt gewesen war, hatte kurz zuvor sein geisteswissenschaftliches Studium, das er gegen den Willen der Familie begonnen hatte, aufgegeben.

Kleist bezog sich bei seinen Lebensentscheidungen auch später wieder auf Philosophen. So meinte er nach der Lektüre Jean-Jaques Rousseaus, »ein Feld zu bebauen, einen Baum zu pflanzen, und ein Kind zu zeugen« seien die Dinge, um die es wirklich gehe. Das führte zum Bruch mit Wilhelmine, die ein so bäuerliches Leben nicht führen wollte.

1777 beging Kleist gemeinsam mit einer Begleiterin, die unheilbar an Krebs erkrankt war, Selbstmord. Seine bekanntesten Werke sind die Bühnenstücke *Das Käthchen von Heilbronn*, *Der zerbrochene Krug* und *Amphitryon*, sowie die Novellen *Michael Kohlhaas* und *Die Marquise von O...*

Schriftstellerleben

Er gilt als **Begründer** der **modernen Detektivgeschichte**, doch sein eigener Tod ist bis heute ungeklärt. Wer ist gesucht?

a) Sir Arthur Conan Doyle

b) Gilbert Keith Chesterton

c) Edgar Allan Poe

»Oh Gott, bitte erbarme dich meiner armen Seele.«

Antwort: c) Edgar Allan Poe (1809 bis 1849), gebürtig aus Baltimore, war seinen amerikanischen Zeitgenossen wegen seiner düsteren Geschichten eher suspekt. Sein Ruhm begann erst nach seinem Tod, als Übersetzungen seiner Werke im Frankreich der Jahrhundertwende die Literatur in Europa maßgeblich beeinflussten.

Zu Poes größten Werken gehört die Kurzgeschichte *Der Untergang des Hauses Usher*, mit der er neue Maßstäbe für das Genre der Schauergeschichte setzte. Auch von großer Bedeutung: das Gedicht *Der Rabe* und die Fälle des Detektiven Auguste Dupin. Mit seinen logischen Schlussfolgerungen ist er ein wichtiger Vorläufer für spätere Detektive wie Conan Doyles Sherlock Holmes oder Father Brown von Gilbert Keith Chesterton.

Die seltsamen Umstände seines Todes könnten aus einer seiner eigenen Geschichten stammen: Poe brach 1849 verwirrt und offensichtlich krank in Baltimore zusammen. Dabei trug er nicht seine eigene Kleidung – wem sie gehörte, ist bis heute unbekannt. Er soll in der Nacht vor seinem Tod öfters den Namen »Reynolds« gerufen haben, doch wen er damit meinte, ist ebenfalls nicht klar. Angeblich starb er mit den Worten: »Oh Gott, bitte erbarme dich meiner armen Seele.« Nach einigen Tagen im Krankenhaus, in denen er sein Bewusstsein nicht wiedererlangte, starb er. Woran genau er starb, ist bis heute ungeklärt – was den Mythos um ihn nur noch verstärkt hat.

Klassiker

Wie heißt das **Mädchen**, das Dante in der
»**Göttlichen Komödie**« im Paradies empfängt?

a) Beatrice

b) Fiammetta

c) Charlotte

Ein kurzes Leben in Schönheit

Antwort: a) Fiammetta ist die fiktive Liebe von Giovanni Boccaccio (1313 bis 1375), die oft in seinen Werken auftaucht. Deren reales Vorbild war vermutlich die neapolitanische Adelige Maria d'Aquino.

Charlotte Buff (1753 bis 1828) findet sich in Johann Wolfgang von Goethes Briefroman *Die Leiden des jungen Werther* in der Figur der Lotte wieder. Goethe lernte Charlotte 1772 in Wetzlar kennen. Ihn erfasste eine leidenschaftliche Zuneigung zu ihr. Ein Jahr später heiratete sie allerdings Johann Christian Kestner, der sich mit Goethe anfreundete. So stellt sich auch das Verhältnis im Roman dar: Werther liebt Lotte, respektiert aber auch ihren Mann Albert und Lottes Entscheidung, Albert zu heiraten, wie sie es ihrer sterbenden Mutter versprochen hat. In dieser ausweglos scheinenden Situation wählt Werther schließlich den Freitod.

Beatrice schließlich ist die große Liebe von Dante Alighieri (1265 bis 1321). Der italienische Dichter traf das Mädchen Beatrice ein einziges Mal als Kind, später dann als Jugendliche und schließlich bei ihrer Hochzeit. Alle drei Male war er von ihrer Schönheit wie verzaubert. Als sie im Alter von 24 Jahren starb, war er erschüttert. In seinem Hauptwerk, *Die Göttliche Komödie*, ist es Beatrice, die den Autor im Paradies durch die neun himmlischen Sphären führt. Damit schuf Dante seiner Jugendliebe Beatrice ein literarisches Denkmal.

Orte und Figuren

Nach welchem deutschen Schriftsteller ist ein **Turm** benannt?

a) Heinrich von Kleist

b) Friedrich Schiller

c) Friedrich Hölderlin

Refugium eines besonderen Dichters

Antwort: c) Friedrich Hölderlin (1770 bis 1843) gilt heute als einer der größten Dichter deutscher Sprache. Sein Werk regte zahlreiche Denker und Schriftsteller an – von Nietzsche bis zu Ingeborg Bachmann. Sein Roman *Hyperion* und Übersetzungen aus dem Altgriechischen verschafften ihm einige Bekanntheit in der deutschen Literaturlandschaft seiner Zeit. Um 1805 verschlechterte sich allerdings sein psychischer Zustand. Wegen »Raserei« (Anfälle unkontrollierter Erregung) kam er ins Universitätsklinikum Tübingen. 1807 gaben die Ärzte Hölderlin nur noch wenige Jahre zu leben. Ein Tübinger Tischler, Ernst Zimmer, nahm sich des kranken Dichters an. Bei ihm bewohnte Hölderlin bis zu seinem Lebensende eine Turmstube – heute bekannt als Hölderlinturm. Phasen von kreativer Produktivität wechselten sich ab mit Zeiten psychischer Probleme, die zu Apathie oder Abwesenheit führten. Gegen Ende seines Lebens musste Hölderlin immer wieder fremde Besucher ertragen, die den berühmten verrückten Dichter sehen wollten. Hölderlin starb 1843, nachdem er seine letzten 35 Jahre in seinem Turm verbracht hatte. Heute ist der Turm ein Museum.

Schriftstellerleben

Wer schrieb unter den Pseudonymen
Ignaz Wrobel, **Theobald Tiger** und **Peter Panter**?

a) Kurt Tucholsky

b) Karl Kraus

c) Heinrich Heine

Ein kleiner Akt der Selbstzerstörung

Antwort: a) Kurt Tucholsky (1890 bis 1935) war einer der bedeutendsten Publizisten der Weimarer Republik. Er hatte mehr Pseudonyme als die meisten anderen Autoren, weil er zu besonders vielen Themen etwas zu sagen hatte. Er war als Liedtexter, Romanautor, Lyriker sowie einflussreicher Literatur-, Film- und Musik-Kritiker tätig. Außerdem war er zeitweiliger Mitherausgeber des Satiremagazins *Ulk* und der Wochenzeitschrift *Weltbühne*. Für letztere publizierte er unter den Decknamen Ignaz Wrobel, Theobald Tiger und Peter Panter. Über sein Alter Ego Ignaz Wrobel sagte er: »Wrobel – so hieß unser Rechenbuch (in der Schule, Anm.); und weil mir der Name Ignaz besonders häßlich erschien, kratzbürstig und ganz und gar abscheulich, beging ich diesen kleinen Akt der Selbstzerstörung und taufte so einen Bezirk meines Wesens.«

Etwas später schrieb er auch als Kaspar Hauser Gedichte. Selbst Tucholsky-Forscher tun sich schwer, den Überblick zu behalten. So sind sie sich zum Beispiel unsicher darüber, ob ihm nicht auch das Pseudonym Old Shatterhand zuzuordnen ist.

All seine Pseudonyme hatten aber eine Gemeinsamkeit: Unter jedem Künstlernamen warnte er vor der Erstarkung des rechten Lagers und vor dem Nationalsozialismus, denn Tucholsky war ein überzeugter Demokrat, Sozialist, Pazifist und Antimilitarist.

Aus der Welt der Literatur

Samuel Beckett gilt mit Stücken wie »**Warten auf Godot**« als ein wichtiger Vertreter des ...

a) absurden Theaters

b) ironischen Theaters

c) postmodernen Theaters

Das Leben ist absurd

Antwort: a) Samuel Beckett (1906 bis 1989) ist der wohl berühmteste Vertreter des absurden Theaters, einer Theaterform, die sich nach dem Zweiten Weltkrieg vor allem in Frankreich herausgebildet hatte. 1942 bereits schrieb der französische Philosoph Albert Camus, dass es keinen richtigen Lebenssinn gibt, der gefunden werden kann. Vielmehr sieht er das Leben als absurd, also ziellos an, und den Menschen als frei, sich sein Leben selbst zu gestalten. Das absurde Theater zielt in eine ähnliche Richtung. Es bricht radikal mit herkömmlichen Theaterkonventionen – weswegen es auch Anti-Theater genannt wird – und lässt den Zuseher oft ratlos zurück. Wortwiederholungen, scheinbar zusammenhanglose Szenen, das direkte Ansprechen des Zuschauers und teilweise drastische Darstellungen zeichnen die Stücke des absurden Theaters aus, etwa Becketts *Warten auf Godot* und *Endspiel*. Bis heute gibt es die Debatte, ob es sich bei solchen Stücken bloß um »absurde Darstellungen« handelt – wie Kritiker meinen – oder ob es um eine »Darstellung des Absurden« geht, um die Absurdität unseres Lebens und unserer Sinnsuche.

Schriftstellerleben

Franz Kafka (1883 bis 1924) entschied sich bewusst gegen den Beruf des Autors. Was war stattdessen sein »**Brotberuf**«, wie er selbst sagte?

a) Rechtsanwalt in einer Kanzlei

b) Allgemeinmediziner

c) Beamter in der staatlichen Unfallversicherungs-Anstalt von Böhmen

»Mein Dienst ist lächerlich und kläglich leicht.«

Antwort: c) Kafka arbeitete nach einem Jurastudium beinahe sein ganzes Leben für die Unfallversicherungs-Anstalt von Böhmen. In einem Brief schrieb er: »Mein Dienst ist lächerlich und kläglich leicht. Ich weiß nicht, wofür ich das Geld bekomme.« Tatsächlich fühlte sich Kafka von seiner Arbeit unterfordert und empfand sie als langweilig. Dennoch kam für ihn ein Beruf als Schriftsteller nicht in Frage. Denn Kafka wollte in seinem Schreiben stets unabhängig und frei bleiben. Er schrieb tatsächlich vor allem für sich selbst. Aufgrund seines Perfektionismus blieben die meisten seiner Texte zu seinen Lebzeiten unveröffentlicht.

Seine Entscheidung zu einem Beruf abseits der Schriftstellerei wirkte sich allerdings nicht gut auf seine Gesundheit aus. Von dem langweiligen Bürojob oft deprimiert, ging er bereits mit 39 Jahren in Frühpension. Kafka, der sein ganzes Leben lang immer wieder mit gesundheitlichen Problemen zu kämpfen hatte, starb schon zwei Jahre später an einer Lungentuberkulose.

Klassiker

»Madeleine« spielt eine große Rolle in **Marcel Prousts** Hauptwerk »Auf der Suche nach der verlorenen Zeit«. Wer oder was ist **Madeleine**?

a) Eine Frau

b) Ein Gebäck

c) Eine Stadt

»Woher strömte diese mächtige Freude zu mir?«

Antwort: b) Der Ich-Erzähler aus Marcel Prousts (1871 bis 1922) monumentalem Hauptwerk *Auf der Suche nach der verlorenen Zeit* bekommt zum Beginn des Romans von seiner Mutter Tee serviert. Dazu reicht sie ihm eine Madeleine, ein süßes Feingebäck in der Form einer Jakobsmuschel. Der Geschmack dieser Madeleine versetzt ihn zurück in eine längst verlorene Zeit – und für den Rest des über viertausend Seiten langen Buches begibt er sich auf die Suche nach dieser. Erinnerung und Vergangenheit sind die zentralen Themen von Prousts Werk.

Einen interessanten Aspekt der Madeleine-Szene beleuchtet der amerikanische Neurowissenschaftler Jonah Lehrer in seinem Buch *Prousts Madeleine*. Lehrer weist darauf hin, dass Geschmack und Geruch die einzigen Sinne sind, die direkt mit dem Hippocampus, dem Ort des Langzeitgedächtnisses, verbunden sind. Schmeckt oder riecht der Mensch etwas, bleibt diese Information also besonders lange in seinem Gedächtnis erhalten. Experimentell belegt diesen Zusammenhang die Psychologin Rachel Herz erst im 21. Jahrhundert. Proust beschreibt ihn jedoch bereits knapp ein Jahrhundert früher mit den Worten: »In der Sekunde nun, als dieser mit dem Kuchengeschmack gemischte Schluck Tee meinen Gaumen berührte, zuckte ich zusammen... Woher strömte diese mächtige Freude mir zu?« Lehrer zeigt in seinem Buch auf, wie Autoren oft zu Erkenntnissen gelangen, die erst lange Zeit später von der Wissenschaft bewiesen werden.

Orte und Figuren

Wo lernte die große französische Schriftstellerin
Simone de Beauvoir (1908 bis 1986) ihre Zeitgenossen
Albert Camus und **Pablo Picasso** kennen?

a) Im gleichen Pariser Linienbus

b) An der gleichen Pariser Universität

c) Im gleichen Pariser Kaffeehaus

Ein kleines Café in Paris

Antwort: c) Simone de Beauvoir, deren Welterfolg *Das andere Geschlecht* sie zur Ikone der Frauenbewegung und zur bekanntesten Intellektuellen Frankreichs machte, war regelmäßig Gast des Café de Flore im Pariser Stadtteil Saint-Germain-des-Prés. Dort schrieb sie, verabredete sich mit Freunden und traf hier unter anderem im Jahr 1943 Albert Camus, nachdem sie dessen Roman *Der Fremde* gelesen hatte. Im gleichen Café lernte sie auch den Maler Pablo Picasso kennen.

Das 1887 gegründete Café ist nach der Skulptur der römischen Göttin Flora benannt, die sich auf der anderen Straßenseite befindet. Es hat als Raum für besondere Begegnungen nicht nur Beauvoirs künstlerische Entwicklung maßgeblich beeinflusst. Beauvoirs Lebensgefährte Jean-Paul Sartre hielt hier 1964 seine berühmte Pressekonferenz ab, in der er den Literaturnobelpreis ablehnte. Auch andere Künstler wie Alberto Ciacometti, Boris Vian, Guillaume Apollinaire, Jean Cocteau und Jean Genet verkehrten im Café de Flore. Karl Lagerfeld, der in der Nähe des Cafés wohnte, war dort ebenfalls regelmäßig Gast.

Seit 1994 vergibt jedes Jahr im November eine Journalisten-Jury den Literaturpreis Prix de Flore an junge vielversprechende Autoren.

Schriftstellerleben

»Harry Potter und der Stein der Weisen« ist heute eines der erfolgreichsten Bücher aller Zeiten. Doch zunächst sah es gar nicht gut aus für den ersten Band der Harry Potter-Reihe. Welche von diesen drei Aussagen stimmt NICHT?

a) Rowlings Agent suchte über ein Jahr vergeblich nach einem Verlag

b) Die acht Jahre alte Tochter des Verlagschefs von Bloomsbury, wo das Buch letztlich erschien, überzeugte ihren Vater, der unbekannten Autorin einen Vertrag zu geben

c) Bloomsbury war der einzige Verlag, der Rowlings Manuskript nicht ablehnte

Unzählige Absagen für einen Weltbestseller

Antwort: c) Joanne K. Rowling (*1965) hatte die Idee zur Geschichte über einen Jungen mit Zauberkräften während einer Zugfahrt zwischen London und Manchester. Das war 1990. 1995 vollendete sie den ersten Band: *Harry Potter und der Stein der Weisen*. Fast wäre es nicht zu einer Veröffentlichung gekommen: Rowling und ihr Agent suchten über ein Jahr nach einem Verlag, der das Buch drucken wollte. Sie bekamen unzählige Absagen mit den Begründungen, es sei zu lang oder Geschichten um Zauberei nicht zeitgemäß. Selbst Bloomsbury, ihr späterer Verlag, lehnte sie zunächst ab. Doch Rowling gab nicht auf, und probierte es nach einiger Zeit erneut. Dieses Mal fiel ihr Manuskript in die Hände eines anderen Lektors, Barry Cunningham. Er nahm Rowlings Manuskript mit nach Hause und gab es seiner achtjährigen Tochter zu lesen. Das Mädchen war so begeistert, dass Cunningham seinen Verlag umstimmte und Rowling einen Vertrag und 2.500 Pfund Vorschuss anbot. Cunningham riet seiner Autorin allerdings, sich wieder einen Brotberuf zu suchen, da Kinderbücher nicht besonders viel einbringen würden. Mittlerweile hat sich *Harry Potter und der Stein der Weisen* über 500 Millionen Mal verkauft und wurde in ungefähr 80 Sprachen (unter anderem Latein und Altgriechisch) übersetzt.

Orte und Figuren

Sherlock Holmes ist der wohl berühmteste Detektiv der Welt. Was passierte, als der Autor Arthur Conan Doyle seine Figur Holmes in der Kurzgeschichte »**Das letzte Problem**« sterben ließ?

a) Doyle bekam Morddrohungen

b) In London gingen Menschen mit Trauerschleifen um den Arm auf die Straße

c) Doyle bekam Geldprobleme, weil niemand seine anderen Bücher kaufte

Die Geschichte einer Auferstehung

Antwort: b) Die Geschichten rund um Ermittler Sherlock Holmes waren bereits zu ihrer Entstehungszeit ein Phänomen und machten den Autor, den Arzt Sir Arthur Conan Doyle, zum Millionär. Dieser entwickelte nach einiger Zeit aber eine richtige Abneigung gegen seine Figur: »Er ist mir so über, dass ich ihm gegenüber das gleiche Gefühl habe wie gegenüber Gänseleberpastete – ich habe mich einmal an ihr so übergessen, dass der Name allein mich bis heute würgen lässt.« Doyle wollte sich anderen literarischen Projekten widmen. So entschloss er sich, seine berühmte Figur 1883 sterben zu lassen. Bei einem Kampf mit seinem Widersacher, Professor James Moriarty, stürzt Holmes bei den Schweizer Reichenbachfällen in den Tod. Das löste eine riesige Trauerwelle in London aus: Zahlreiche Detektiv-Fans gingen mit schwarzen Schleifen am Arm und schwarzen Krawatten auf die Straße. Das Strand Magazine, das die Holmes-Geschichten publiziert hatte, verlor mit einem Schlag 20.000 Abonnenten. Daraufhin ließ Doyle seine Kultfigur 1903 in der Geschichte *Das leere Haus* auferstehen und ihn 1917 in *Seine Abschiedsvorstellung* friedlich in den Ruhestand treten.

Schriftstellerleben

Welche der genannten **Autoren** lieferten sich
die vielleicht **berühmteste Schlägerei**
der Literaturgeschichte?

a) Johann Wolfgang von Goethe und Friedrich Schiller

b) Ernest Hemingway und F. Scott Fitzgerald

c) Gabriel García Márquez und Mario Vargas Llosa

Ein blaues Auge für García Márquez

Antwort: c) Der Kolumbianer Gabriel García Márquez (*100 Jahre Einsamkeit*, 1967) und der Chilene Mario Vargas Llosa (*Das grüne Haus*, 1965) waren lange Zeit die berühmtesten Autoren Lateinamerikas und gute Freunde. Vargas Llosa schrieb sogar seine Doktorarbeit über Márquez. Doch die Politik änderte ihr freundschaftliches Verhältnis. Garcia Márquez bekannte sich zum Sozialismus und schloss Freundschaft mit dem kubanischen Staatsoberhaupt Fidel Castro. Vargas Llosa stand der kubanischen Revolution unter Castro zunächst auch positiv gegenüber, wandelte sich jedoch mit der Zeit zu einem überzeugten Liberalen. 1990 kandidierte er sogar für das chilenische Präsidentenamt, gewann jedoch nicht. Endgültig zum Bruch kam es, als die beiden bei einer Konferenz in Mexiko 1976 aneinandergerieten. García Márquez trug ein blaues Auge davon. Danach sprachen sie nicht mehr miteinander. Der wahre Grund für ihre Schlägerei ist bis heute nicht klar. Keiner von beiden hat sich jemals zu dem Vorfall geäußert. Der Gedanke liegt allerdings nahe, dass es sich um eine politische Meinungsverschiedenheit gehandelt hat.

Klassiker

Virginia Woolf schrieb nicht nur großartige Romane, sondern auch **gesellschaftskritische** Essays. In einem ihrer bekanntesten behauptet sie, Frauen bräuchten nur zwei Dinge, um große Literatur produzieren zu können – »500 Pfund im Jahr und...«?

a) Ein eigenes Zimmer

b) Eine eigene Bibliothek

c) Eine eigene Schreibmaschine

Schriftstellerinnen brauchen Rückzugsorte

Antwort: a) Für Virginia Woolf (1882 bis 1941) war klar, dass große Literatur keine Frage des Geschlechts war – sie selbst war mit Werken wie *Orlando* oder *Zum Leuchtturm* bestes Beispiel dafür. Doch sie erkannte, dass die gesellschaftlichen Umstände des frühen 20. Jahrhunderts es Frauen fast unmöglich machten, sich künstlerisch zu betätigen. Mit diesem Problem setzte sie sich in ihrem Essay *A Room for One's Own* (*Ein Zimmer für sich allein*) auseinander. Zu dieser Zeit teilte sich eine Frau ihr Zimmer oft bis ins Erwachsenenalter mit ihren Geschwistern, nur um dann sofort verheiratet zu werden und sich ein Zimmer mit ihrem Mann zu teilen. An ein eigenes Arbeitszimmer war gar nicht zu denken, sollten doch Frauen sowieso im Haushalt helfen, statt sich in Bücher zu vertiefen. Ein eigenes Zimmer würde Privatsphäre und einen Rückzugsort gewährleisten. Wären diese Bedingungen erfüllt, war Woolf überzeugt, würde es viel mehr erfolgreiche Schriftstellerinnen geben.

Schriftstellerleben

Was für Auswirkungen Literatur haben kann, zeigte die
Veröffentlichung des Buches »**Die satanischen Verse**« des
Autors **Sir Salman Rushdie** auf drastische Weise.
Was geschah nach dem Erscheinen des Werkes im Jahr 1988?

a) Der Autor wurde in seiner Heimat Indien
zu sieben Jahren Gefängnis verurteilt

b) Der Iran setzte ein Kopfgeld auf den
Autor aus und rief zu seiner Tötung auf

c) Ihm wurde die indische Staatsbürgerschaft entzogen

Lebensgefährliche Kritik am Propheten

Antwort: b) Das Werk *Die Satanischen Verse* zählt zu den meistdiskutierten Büchern überhaupt. Das hat mit seinem heiklen Thema zu tun: Der Inder Salman Rushdie (*1947) kritisiert darin den Islam und den Propheten Mohammad. Wenige Monate nach der Veröffentlichung verhängte Ruhollah Chomeini, der höchste Geistliche des Iran, eine Fatwa (Rechtsauskunft). Darin war ein Kopfgeld auf die Ermordung des Autors ausgeschrieben. Rushdie zu töten, sei keine Sünde, so Chomeini, da sich sein Buch gegen den Islam, den Koran und den Propheten stelle. Muslimische Autoritäten auf der ganzen Welt, unter anderem in Saudi-Arabien und Ägypten, widersprachen dieser Fatwa und erklärten sie für illegal. Doch der Iran hat sie bis heute nicht zurückgenommen, mit der Begründung, dass nur der Urheber einer Fatwa diese widerrufen kann – und Ruhollah Chomeini starb 1989.

Der Iran brach auch zeitweise seine diplomatischen Beziehungen zu Großbritannien ab, wo der Roman erschienen war. Doch nicht nur Rushdie war in Gefahr, sondern alle, die an dem Buch mitwirkten. Fanatiker töteten etwa 1991 den japanischen Übersetzer der *Verse*. Rushdie, 2007 zum Sir ernannt, musste viele Jahre unter ständiger Bewachung leben, seinen Wohnort wechseln und Decknamen annehmen. Seit einigen Jahren bewegt er sich wieder etwas freier – doch noch immer hat der iranische Staat ein Kopfgeld von etwa 4 Millionen Dollar auf ihn ausgesetzt.

Zahlen, Rekorde, Preise

Welcher **Politiker** hat den **Literaturnobelpreis** erhalten?

a) Winston Churchill (britischer
Premierminister während des Zweiten Weltkriegs)

b) Theodor Heuss (deutscher
Bundespräsident 1949 bis 1959)

c) Leo Trotzki (russischer Revolutionär
während der Oktoberrevolution 1917)

Mit starken Worten gegen Hitler

Antwort: a) »Lasst uns darum unsere Pflicht tun, und lasst sie uns so tun, dass sogar in tausend Jahren, wenn es dann noch ein britisches Reich und sein Commonwealth gibt, die Menschen sagen werden: Das war ihre beste Stunde.«

Diese Rede hielt Winston Churchill 1940, kurz nach dem Fall von Paris an die Nationalsozialisten. Hitlers Armeen schienen unaufhaltsam, doch Churchill stärkte das Durchhaltevermögen seiner Landsleute mit berühmten Reden. Viele Historiker betonen, dass Churchills Worte im Kampf gegen das nationalsozialistische Deutschland genauso wichtig waren wie die Soldaten der Alliierten. Der Historiker John Lukacs meinte, dass Amerika und Russland den Zweiten Weltkrieg letztlich gewannen, Churchill allerdings mit seinen Reden schon Jahre früher dafür gesorgt hatte, dass die Alliierten den Krieg nicht verloren – da sie sich nicht ergaben.

Die Verleihung des Literaturnobelpreises an Winston Churchill im Jahr 1953 begründete die schwedische Akademie, indem sie den Staatsmann und Schriftsteller für seine »meisterhafte Kunst historischer und biographischer Darstellung sowie für seine brillante Rhetorik im Zusammenhang mit der Verteidigung nobler menschlicher Werte« auszeichnete. Also waren neben seinem dreißig Bände umfassenden Werk auch seine unübertroffenen Reden, in denen er den Widerstandsgeist seiner Landsleute während des Zweiten Weltkriegs beschwor, in die Bewertung eingeflossen – so wie es der Stifter des Preises, Alfred Nobel, im Sinn hatte. Er wollte nicht nur künstlerisch wertvolle Werke auszeichnen, sondern auch solche, die einen Dienst an der Menschheit leisten.

Orte und Figuren

Nach welchem Ort in **Berlin** ist ein
berühmter Roman von **Alfred Döblin** benannt?

a) Alexanderplatz

b) Brandenburger Tor

c) Reichstag

Symbol für eine moderne Großstadt

Antwort: a) Der Alexanderplatz, unter Berlinern auch einfach als »Alex« bekannt, war in den 20er-Jahren, den Goldene Zwanzigern, das Zentrum Berlins. Er bot alles, was eine moderne Metropole in dieser Zeit haben konnte. Um ihn herum gab es Vergnügungslokale und Warenhäuser, er war außerdem wichtiger Verkehrsknotenpunkt und Handelsplatz. Viele Geschäfte trugen Leuchtreklamen, eine damals noch recht neue Erfindung, und machten damit die Nacht zum Tag. Die Zigarettenfirma Manoli etwa warb mit einem Ring aus Neonröhren, der um eine schwarze Kugel kreiste und prägte damit die Redewendung »total manoli« für eine Stadt, in der die Zeit anders lief. Der Alexanderplatz verkörperte das »Berliner Tempo«, denn in der Großstadt ging alles schneller.

Der deutsche Autor Alexander Döblin (1878 bis 1957) benutzte den Alexanderplatz in seinem Roman *Berlin Alexanderplatz* (1929) als Symbol für eine moderne Großstadt, in der ein einzelner Mensch schnell untergeht. Er zeigt in seinem Roman die Schattenseiten dieser Modernisierung: Arbeitslosigkeit, Kriminalität, Prostitution und prekäre Lebensbedingungen.

Somit gilt *Berlin Alexanderplatz* als paradigmatisches Beispiel für den modernen Großstadtroman.

Schriftstellerleben

Er war bekannt für seinen hohen Alkoholkonsum, seine Liebe zum Boxen und seine Misanthropie. Doch was war der **Beruf** von **Charles Bukowski**, der ihn zu seinem ersten Werk inspirierte und seinen Erfolg begründete?

a) Bauarbeiter

b) Busfahrer

c) Postbote

Postbote, Trinker und Genie

Antwort: c) Die Berufung zum Autor kam spät für Charles Bukowski (1920 bis 1994): Mit 42 Jahren verbuchte er seinen ersten literarischen Erfolg, als er für seine Gedichte den Preis »Outsider des Jahres« gewann. Seinen wirklichen Durchbruch feierte er 51-jährig mit seinem ersten Roman *Der Mann mit der Ledertasche*. Darin verarbeitete er halb autobiografisch seine Zeit als Postbote. Bukowski führte ein bewegtes Leben: Er saß in der Psychiatrie, durchquerte die USA und war starker Alkoholiker. Sein ausgeprägter Zynismus sollte zu seinem Markenzeichen werden. Legendär ist seine Lesereise durch Deutschland, während der stets ein Kühlschrank auf der Bühne stehen musste, um ihn mit kaltem Bier zu versorgen. Durch seinen wilden Lebensstil prägte Bukowski das klischeehafte Bild eines Autors, der trotz seiner Spiel- und Trinksucht in genialen Momenten literarische Meisterwerke schafft. Dieses Bild wird besonders in amerikanischen Filmen gerne verwendet, auch wenn es meist weit von der Realität entfernt ist.

Auf seinem Grabstein findet sich die Inschrift: »Don't Try«. Zu Deutsch: Versuch es nicht! Die Botschaft kann laut seiner Witwe Linda King auf zwei Arten interpretiert werden: »Wenn du schreibst, versuche es nicht, sondern lass es fließen.« Und: »Versuch erst gar nicht, besser zu sein als ich.«

Klassiker

Ein **sagenhaft reicher Mann** schmeißt im New York der Roaring Twenties **rauschende Feste**, um seine Jugendliebe wiederzufinden. Welcher große amerikanische Roman ist gesucht?

a) »Der große Gatsby« von F. Scott Fitzgerald

b) »Fegefeuer der Eitelkeiten« von Tom Wolfe

c) »Unterwelt« von Don DeLillo

Die unvereinbaren Gegensätze Amerikas

Antwort: a) Jay Gatsby, der aus ärmlichen Verhältnissen stammt, lernt als junger Soldat die reiche Daisy kennen, kurz bevor er in den Zweiten Weltkrieg zieht. Eine Ehe zwischen beiden scheint aufgrund der unterschiedlichen Milieus unmöglich. Nach dem Krieg erfährt Gatsby, dass Daisy den vermögenden Tom Buchanan geheiratet hat. Im Gegensatz zu Buchanan, der in eine überaus reiche Familie hineingeboren wurde, schafft es Gatsby aus eigenen Kräften ein beträchtliches Vermögen anzuhäufen – allerdings mit dubiosen Mitteln. Er wird zu einem der reichsten Männer New Yorks und feiert jede Woche rauschende Feste in seinem palastartigen Anwesen. Diese Partys haben nur ein Ziel: Er will so die Aufmerksamkeit von Daisy auf sich ziehen. Gatsby und Daisy finden für kurze Zeit zueinander. Ihre Beziehung nimmt jedoch kein glückliches Ende. Der Autor Scott F. Fitzgerald (1896 bis 1940) schafft es, mit seinen beiden Figuren die unvereinbaren Gegensätze Amerikas zu beschreiben. Auf der einen Seite findet sich der American Dream, also der Glaube, alles erreichen zu können. Dem gegenüber steht eine vorurteilsbehaftete Gesellschaft, die dies wieder und wieder verhindert. Deswegen wird der Roman von vielen als »great american novel« bezeichnet.

Schriftstellerleben

Welcher **Schriftsteller** starb bei einem **Duell**?

a) Alexander Puschkin

b) Arthur Schnitzler

c) Edgar Allen Poe

Streit um die schönste Frau am Hof

Antwort: a) Alexander Puschkin (1799 bis 1837) ist für die meisten seiner Landsleute der russische Nationaldichter schlechthin (noch vor den im Ausland wohl bekannteren Schriftstellern wie Tolstoi oder Dostojewski). Puschkins Frau Natalja galt als die schönste Frau am Hof von St. Petersburg. Während eines Balles im Jahr 1835 lernte Natalja Puschkina den Salonlöwen Georges d'Anthés, einen hohen Offizier der russischen Armee, kennen. Er bemühte sich auffällig um sie, heiratete bald darauf aber ihre Schwester. Gerüchte wurden laut, dass Natalja und er eine Affäre hätten. Nach einem beleidigenden Brief von Puschkin forderte ihn der Offizier zum Duell. D'Anthés verletzte Puschkin durch einen Bauchschuss schwer. Zwei Tage lang lag der Dichter sterbend, aber bei vollem Bewusstsein, auf dem Diwan in seinem Arbeitszimmer. Es kamen so viele Besucher, dass die Polizei das Haus absperren musste.

Nach seinem Ableben machte die russische Gesellschaft seine Witwe Natalja für den Tod des großen Dichters mitverantwortlich. Sozial geächtet zog sie sich auf das Land zurück. George d'Anthés erging es nicht besser: Als Mörder des Nationaldichters Puschkin musste er Russland verlassen und zog nach Frankreich.

Aus der Welt der Literatur

Zunächst als Sprungbrett für **unbekannte Autoren** gegründet, wandelte sie sich in der Nachkriegszeit bald zum **bekanntesten Sprachrohr** deutschsprachiger Literatur: die ...

a) Gruppe 47

b) Frankfurter Schule

c) Zweite Wiener Schule

Ein Kreis Auserwählter

Antwort: a) 1947 gründete der deutsche Schriftsteller Hans Werner Richter die Gruppe 47. Mit ihr wollte er neue und junge Stimmen in der deutschen Literatur fördern. Es gab keine »offiziellen« Mitglieder, aber alle bekannten Autoren und alle namhaften Kritiker hatten in dieser Zeit mit der Gruppe 47 zu tun. Bei Treffen trugen die eingeladenen Autoren ihre neuen Texte vor. Danach bewerteten die anderen Anwesenden die vorgelesenen Texte. Dabei fiel die Kritik oft sehr harsch aus.

Vielen unbekannten Autoren verhalf die Gruppe zum Durchbruch – so etwa Günter Grass, Heinrich Böll oder Ingeborg Bachmann. Die steigende Bekanntheit der Autoren führte dazu, dass die Medien immer intensiver über die Treffen der Gruppe berichteten. Langsam repräsentierte die Gruppe 47 somit die deutsche Literatur. Doch gerade diese Institutionalisierung rief Unmut hervor. Mitglieder der Gruppe bekamen Angst, sie würden dadurch nicht mehr in der Lage sein, neue und aufregende Literatur zu produzieren. Tatsächlich kam es 1967 zum letzten Treffen. Die Mitglieder hatten eingesehen, dass es Zeit war, neue und eigene Wege zu gehen.

Orte und Figuren

Der britische Schriftsteller **Gilbert Keith Chesterton** schuf eine der einflussreichsten **Detektivfiguren** der europäischen Literatur. Allerdings hat dieser Ermittler eine ganz andere Profession – welche?

a) Schuldirektor

b) Priester

c) Briefträger

Ermittler mit Heiligenschein

Antwort: b) Mit Father Brown schuf Gilbert K. Chesterton (1874 bis 1939) eine untypische, aber einflussreiche Detektivfigur. Father Brown ist ein römisch-katholischer Priester, der in seiner Freizeit Kiminalfälle löst. Dabei gelangt Father Brown oft zur Lösung eines Falles, indem er sich in den Täter hineinversetzt und »die Tat selbst begeht«, wie er einmal sagt. Als Mann Gottes ist Father Brown weniger daran interessiert, die Täter einer weltlichen Gerichtsbarkeit zu übergeben. Vielmehr sorgt er sich um ihr Seelenheil. Oft ist ihm eine aufrichtige Beichte der geläuterten Täter genug.

Im Deutschen wird Father Brown oft fälschlich als »Pater« bezeichnet. Die Bezeichnung »Pater« trifft für einen Pfarrer jedoch nur dann zu, wenn er einem Orden angehört und nicht Priester einer Gemeinde ist, wie Father Brown. Dieses Missverständnis geht auf die Father-Brown-Verfilmungen mit Heinz Rühmann in der Hauptrolle des »Pater Brown« zurück.

Schriftstellerleben

Welcher Schriftsteller feierte mit einer wahren Geschichte einen **Welterfolg** und wird als Pionier des **Tatsachenromans** gefeiert?

a) Raymond Chandler

b) Truman Capote

c) Dashiell Hammett

Die literarische Sensation des Jahres 1966

Antwort: b) In dem Roman *In Cold Blood* (*Kaltblütig*) schildert Truman Capote (1924 bis 1984), der unter anderem auch Autor des Welterfolges *Frühstück bei Tiffany* ist, ein Verbrechen, das sich 1959 tatsächlich ereignet hat. Am 15. November dieses Jahres drangen zwei ehemalige Häftlinge, 28 und 31 Jahre alt, in das Haus der angesehenen Familie Clutter ein. Sie erwarteten sich eine große Geldsumme, konnten aber nur rund 40 Dollar erbeuten. Da die Clutters die beiden Einbrecher später hätten identifizieren können, ermordeten diese das Ehepaar sowie Sohn Kenyon und Tochter Nancy.

Capote recherchierte den Fall akribisch und schrieb sein Buch darüber im Stil eines Thrillers. Bei dessen Erscheinen 1966 war es in New York eine literarische Sensation. Seiner Einladung zu dem inzwischen legendären Black and White Ball, mit dem Capote seinen Erfolg feierte, folgten 500 der berühmtesten amerikanischen Persönlichkeiten seiner Zeit, etwa Frank Sinatra und Lauren Bacall. Doch kurz darauf, Capote war 42 Jahre alt, kamen die Probleme. Immer wieder musste er wegen seines Drogen- und Alkoholmissbrauchs in verschiedene Kliniken. An die Erfolge seiner früheren Werke konnte er nicht mehr anknüpfen.

Rund vier Jahrzehnte nach dem Erscheinen von *Kaltblütig* verfilmte der Regisseur Bennett Miller Capotes einzigartige Recherchearbeit, mit Philip Seymour Hofmann in der Hauptrolle des Truman Capote. Seymour erhielt dafür 2006 den Oscar als bester Hauptdarsteller. Capote starb 1984 in Los Angeles an den Folgen seines Drogenkonsums.

Klassiker

Das Stück »**Die letzten Tage der Menschheit**« von **Karl Kraus** gilt als unaufführbar. Wie viele Szenen hat es?

a) 560

b) 220

c) 112

Ein kleiner Akt der Selbstzerstörung

Antwort: b) Die meisten Theaterautoren schreiben ihre Stücke mit der Absicht, sie auf die Bühne zu bringen – nicht so Karl Kraus (1874 bis 1936). Sein Stück *Die letzten Tage der Menschheit* entstand zwischen 1915 und 1922 und ist eine Kritik des Ersten Weltkriegs. Um diesen Krieg abzubilden, griff er auf eine Unmenge an dokumentarischem Material zurück: Protokolle, Zeitungsartikel, Zitate. Der Autor lässt fiktive Figuren genauso auftreten wie reale Personen (etwa Kaiser Franz Joseph I., Hugo von Hofmannsthal, Papst Benedikt XV.). Er nutzte unterschiedliche Dialekte, um den verschiedensten Milieus eine Stimme zu geben. Das Werk endet – wie der Titel verspricht – mit der Auslöschung der Menschheit. Kraus selbst hielt sein Stück für nicht aufführbar, zu viele Figuren und Schauplätze fänden sich darin. Insgesamt kommen um die tausend Charaktere an 137 verschiedenen Orten vor. Die 220 Szenen schrieb er für ein »Marstheater«, nicht aber für ein normales Theater auf dieser Welt. Die bis heute ambitionierteste Aufführung fand im Jahr 2018 in Wiener Neustadt, Niederösterreich, statt. Die Zuseher konnten in sieben Stunden 75 Szenen des Dramas erleben.

Schriftstellerleben

Joseph Conrad (1857 bis 1924) ist einer der großen Stilisten der englischen Sprache. Diese erlernte er aber erst im Alter von 22 Jahren. Was war seine **Muttersprache**?

a) Polnisch

b) Französisch

c) Deutsch

Herz der Dunkelheit

Antwort: a) Joseph Conrad heißt gebürtig Józef Teodor Nałęcz Konrad Korzeniowski und kam 1857 in Berdytschiw, in der heutigen Ukraine, als Sohn polnischer Eltern zur Welt. Da Mutter und Vater aus Adelsfamilien stammten, lernte der junge Józef bald Französisch, eine Sprache, die sein Vater sehr schätzte. Mit elf Jahren war Józef bereits Waise und wuchs bei einem Onkel auf, bis er als Sechzehnjähriger nach Marseille ging, um Seemann zu werden. Mit einundzwanzig Jahren betrat er erstmals britischen Boden und lernte Englisch. 1886 erhielt er schließlich die britische Staatsbürgerschaft und fuhr als Kapitän auf dem Schiff »Otago«. Seine Erlebnisse zur See, insbesondere im Kongo und in der Südsee, stellen die größte Inspirationsquelle seines ausschließlich auf Englisch verfassten literarischen Werkes dar. Sein bekanntester Roman ist wahrscheinlich *Heart of Darkness* (*Herz der Dunkelheit*), der die Schrecken der belgischen Kolonisation im Kongo zum Thema hat.

Zitate

»Hier mein **Geheimnis**. Es ist ganz einfach: man sieht nur mit dem Herzen gut. Das Wesentliche ist für die Augen unsichtbar.« **Woher** stammt dieses Zitat?

a) Paulo Coelhos »Der Alchimist«

b) Antoine de Saint-Exupérys »Der kleine Prinz«

c) Wassily Kandinskys »Über das Geistige in der Kunst«

Eines der erfolgreichsten Bücher der Welt

Antwort: b) Diese vielzitierten Sätze stammen aus der Erzählung *Der kleine Prinz* von Antoine de Saint-Exupéry. Der Fuchs erzählt diese Weisheit im 21. Kapitel. Er hat sich vom kleinen Prinzen »zähmen« lassen und wird dadurch zu seinem einzigartigen Freund. Als Dank dafür verrät der Fuchs ihm sein kostbares Geheimnis. Antoine de Saint-Exupéry (1900 bis 1944) war ein französischer Berufspilot, Journalist und bereits zu Lebzeiten anerkannter und erfolgreicher Schriftsteller. Nach seinem Tod avancierte er in den Nachkriegsjahren zum Kultautor. Die Märchenerzählung *Der kleine Prinz* zählt mit 140 Millionen verkauften Exemplaren zu den erfolgreichsten Büchern der Welt. Saint-Exupéry sah sich selbst als Moralist, dem Dienst am Menschen verpflichtet. Als Aufklärungsflieger im Zweiten Weltkrieg verschwand er am 31. Juli 1944 spurlos. Er dürfte östlich von Marseille abgeschossen worden und ins Mittelmeer gestürzt sein.

Orte und Figuren

Sir **Terry Pratchett** zählte mit rund 85 Millionen verkauften Büchern in 37 Sprachen zu einem der einflussreichsten **Fantasy-Autoren** des 20. Jahrhunderts. Bekannt wurde er mit einer Buchreihe – die wo spielt?

a) In der Scheibenwelt

b) In der Kugelwelt

c) In der Rundwelt

Schildkröten tragen Elefanten und Elefanten die Welt

Antwort: a) Die Scheibenwelt ist flach und vier Elefanten tragen sie auf ihren Schultern, während die Elefanten ihrerseits auf dem Rücken einer Schildkröte stehen und durch das All wandern. Rund vierzig Geschichten hat der Autor in dieser seltsamen Welt angesiedelt. Unüblich für Fantasy-Geschichten behandelt Pratchett in seinen Erzählungen auch heikle Themen wie Tod, Religion oder Materialismus. So gibt es etwa auch einen Sensenmann. Die ungeschickten Hauptfiguren verhindern dessen Arbeit allerdings immer wieder und weigern sich, zu sterben. Mit beißender Ironie erzählen die Geschichten häufig von Problemen und Missständen, die sich auch in unserer echten Welt finden lassen. Als großer Satiriker benutzt Pratchett gerne Übertreibungen oder Paradoxa, um die Schwächen von konventionellen Denkmustern aufzuzeigen.

Schriftstellerleben

Unter welchem **männlichen Pseudonym** veröffentlicht **Joanne K. Rowling**, die Autorin der »Harry Potter«-Romane, seit 2013 eine inzwischen vierteilige Krimiserie?

a) Eric Arthur Blair

b) George Eliott

c) Robert Galbraith

Der Ruf des Kuckucks

Antwort: c) Eric Arthur Blair ist der bürgerliche Name von George Orwell, der mit *1984* eine der berühmtesten Dystopien entwarf.

George Eliott wiederum ist das Pseudonym der Schriftstellerin Mary Anne Evans, die im viktorianischen England lieber unter dem Namen eines Mannes publizierte. Sie schrieb Klassiker wie den Roman *Middlemarch*.

Auch Joanne K. Rowling verzichtete bei der Veröffentlichung der *Harry-Potter*-Romane auf ihren Vornamen, weil Leute lieber männliche Autoren kaufen würden, wie ihr Verleger meinte. So erlangte sie internationale Bekanntheit unter ihren Initialen J. K. Rowling. Um diesem Ruhm zu entgehen, veröffentlichte sie 2013 den Kriminalroman *Der Ruf des Kuckucks* unter dem Pseudonym »Robert Galbraith«. Sie wollte wissen, wie viel sie ohne ihren zugkräftigen Namen verkaufen würde. In den ersten zwei Monaten waren das 8.500 Exemplare, noch dazu konnte sie die deutschen Rechte des Romans verkaufen und ihr Verlag verhandelte bereits über die Filmrechte. Dann flog das Pseudonym auf und der Verkauf explodierte. Alle vier Bände der Serie schafften es seitdem auf diverse Bestsellerlisten.

Orte und Figuren

Aus welcher Stadt in **La Mancha** stammt **Don Quijote**?

a) El Toboso

b) Alcalá de Henares

c) Man weiß es nicht

»An einem Orte in der Mancha, an dessen Namen ich mich nicht erinnern will ...«

Antwort: c) El Toboso ist eine Kleinstadt in der zentralspanischen Region La Mancha, die als Geburtsort Dulcineas, der großen Liebe von Don Quijote, zu Weltruhm gelangte. Während der napoleonischen Kriege verschonten die französischen Truppen deshalb angeblich sogar den Ort. Heute gibt es in der Stadt ein Museum für die literarische Figur.

Alcalá de Henares in der Provinz von Madrid ist der Geburtsort von Miguel de Cervantes, dem Autor von *Don Quijote* (1547 bis 1616). Die dortige Universität ist eine der ältesten Universtäten Europas. An Cervantes' Todestag, dem 23. April, verleiht das spanische Kulturministerium in der Stadt den Cervantespreis, den angesehensten Literaturpreis Spaniens.

Don Quijote beginnt mit den berühmten Zeilen: »An einem Orte in der Mancha, an dessen Namen ich mich nicht erinnern will, lebte vor nicht langer Zeit ein Junker«. Cervantes verrät uns nicht, woher genau sein unsterblich gewordener Held stammt, vielleicht auch, wie er schreibt, damit sich die verschiedenen Orte in La Mancha darum streiten können, wer denn nun als Heimat von Don Quijote gelten darf. Bereits in der Antike gab es ähnliche Streitereien um die Heimat von Homer, dem großen antiken Dichter.

Schriftstellerleben

Welchen **Krieg** erlebte **Ernest Hemingway** (1899 bis 1961) als Journalist mit?

a) Den Ersten Weltkrieg

b) Den Koreakrieg

c) Den Spanischen Bürgerkrieg

In einem anderen Land

Antwort: c) Hemingway war mit 19 Jahren im Ersten Weltkrieg als Sanitätssoldat im Einsatz. In der italienischen Gemeinde Fossalta di Piave wurde er schwer verletzt. 28 Granatsplitter mussten aus seinem Bein geschnitten werden. Im Krankenhaus verliebte sich der zukünftige Autor unglücklich in eine amerikanische Krankenschwester, die sich um ihn kümmerte. Diese Erfahrungen beschrieb er 1929 in seinem ersten Roman, A Farewell to Arms (*In einem anderen Land*).

In den darauffolgenden Jahren berichtete Hemingway für amerikanische Zeitungen aus Europa, wobei es ihm neben Paris vor allem Spanien angetan hatte. 1932 verfasste er ein Buch über den Stierkampf (*Tod am Nachmittag*). Während des Bürgerkriegs ging er 1937 als Kriegsberichterstatter nach Spanien, wo er bis zum Fall von Madrid blieb. Als kurz darauf der Zweite Weltkrieg ausbrach, übernahm Hemingway die Rolle eines Kommandeurs und führte zeitweise eine französische Widerstandsgruppe an. Er behauptete in einem seiner Briefe, 122 deutsche Soldaten getötet zu haben – was heute angezweifelt wird.